G·S·P·A
甘肃省联合国教科文组织协会“三个面向”系列丛书之一

“世界大同”曙光

刘成斗◎著

世界知识出版社

图书在版编目（CIP）数据

“世界大同”曙光 / 刘成斗著 . —北京：世界知识出版社，2017.2
（甘肃省联合国教科文组织协会“三个面向”系列丛书）
ISBN 978-7-5012-5418-7

Ⅰ. ①世… Ⅱ. ①刘… Ⅲ. ①国际政治—研究 Ⅳ. ①D5

中国版本图书馆 CIP 数据核字（2017）第 028105 号

书　　名	“世界大同”曙光 “Shijie Datong”Shuguang
作　　者	刘成斗
责任编辑	柏　英
责任出版	王勇刚
出版发行	世界知识出版社
地址邮编	北京市东城区干面胡同 51 号（100010）
电　　话	010-65265923（发行）　010-85119023（邮购）
网　　址	www.ishizhi.cn
投稿信箱	xueshuchuban@126.com
经　　销	新华书店
印　　刷	北京京华虎彩印刷有限公司
开本印张	787 × 1092 毫米　1 / 16　　13½ 印张
字　　数	135 千
版次印次	2017 年 2 月第一版　2017 年 2 月第一次印刷
标准书号	ISBN 978-7-5012-5418-7
定　　价	36.00 元

战争起源于人之思想，故务需于人之思想中筑起保卫和平之屏障。

——**《联合国教科文组织法》**

Since wars begin in the minds of men, it is in the minds of men that the defences of peace must be constructed.

——**UNESCO Constitution**

序 言

“世界大同”是诸多历史伟人的宏伟抱负，是先哲们的不懈追求，也是人类的共同期盼。作者洞观国家“自助性”进化规律和当今世界全球化、区域化、企业国际化以及“联合主权”的迅猛发展的现实而又超越现实、展望未来而又预见未来，做出民族国家消亡、实现世界大同是人类社会历史发展的必然归宿的判断，体现了社会发展合规律性、合方向性、合目的性的统一。

联合国教育、科学及文化组织在它诞生的第一天就在《联合国教科文组织法》中阐明了有关战争起源的那句哲理名言，向世界坦言，消灭战争的关键在于人之思想。饱受战争惨痛经历的全世界人民，深感和平之珍贵、和谐之迫切。历史昭示我们：让世界和平永驻人间的关键是把“融合与发展”作为人类永恒的主题，实现世界大统一、人类大融合，共同走向理想的大同社会，这是人类永续生存和发展的根本途径。

“几千年来，从柏拉图、孔子、阿奎拉、英尔、傅立叶、黑格尔到马克思这些先哲们都曾试图就人类社会的未来做出展望，尽管世界国家仍不足以成为一个社会事实。”[1]那么，无论实现“世界大同”的最终目标有多么遥远、路径怎么走、花费多长时间、未来“初级世界大同”会由怎样的机构来主导，在历史发展演变进程中的方向性、趋势性或反复性问题，现在尽管还是难以断言，但该书予以科学论证和预见。从学术上争鸣、理论上研究和实践上探索，特别是在传播大同文化、倡导世界文明、追求大同社会理想境界方面，刘成斗提出了颇有新意、颇有见地的看法，而且做到了推理有根有据，又能自圆其说，令人信服，无疑是积极的、有益的，的确是我们践行《联合国宪章》，在“人之思想中筑起保卫和平之屏障”之需要，也不失为先导之举、开明之举和大爱之举。

鉴于此，我十分愿意为刘成斗先生在其学术著作《转变发展方式的新视域——论动态平衡发展方式》的基础上续写而成的《“世界大同”曙光》作序，特意介绍给联合国教育、科学及文化组织系统的同行们，让大家一起分享他的人类社会终极发展的研究成果，共同为创造世界和平的未来而自觉地践行教科文组织的章程，携手并肩，否弃暴力，建构和谐，走向大同，造福人类。

面向世界、面向未来、面向现代化，是甘肃省联合国教科文组织协会当前和今后一个时期工作的重点，为此，协会组织写作了一套系列丛书，目的在于扩展教科文组织协会的工作范

---

① 张全义：《世界国家生成机理初探》，北京：光明日报出版社，2010年版，第283页。

围，更加扎实有效地践行《联合国宪章》和《联合国教科文组织法》，以期推动教科文组织协会的同行们在更广阔领域的合作交流，携手前行，共同构建和谐天下。

甘肃省联合国教科文组织协会终身荣誉会长
联合国教科文组织亚太地区教育创新为发展服务中心专家
马培芳于北京

PREFACE

Pantisocracy is the great ambition of many great persons in the history, the relentless pursuit of the Sages, the shared aspiration of the whole humankind. The author of the book enjoyed the insights on the nations' "self-help" characters and had thorough observations on the rapid development of of globalization, regionalization, internationalization and "joint sovereignty" in the world today, making the conclusion which surmounts the reality, looks into the future and foresees the future. The conclusion stated that Pantiscracy would inevitably replace the nation-states, reflecting the unity of the development on the aspect of regularity, direction and purposes.

At the day of its establishment, UNESCO clearly explained in its charter "Since wars begin in the minds of men, it is in the minds of men that the defences of peace must be constructed." The whole world have suffered a lot from wars, therefore people cherish the peace and understand the urgency of creating a harmony environment. History proves that the key to peace is to define the eternal theme of mankind as integration and development, realizing the great unity of the world and the mankind which finally would lead to Pantisocracy. This key is also the footstone of the sustainable existence and development of mankind.

For the problems, like how long the mankind will reach the state of Pantisocracy, on which way the mankind should take to reach there, and who would be the managing agents in Pantisocracy, etc, there are no certain answers right now. However, the book is trying to bring the readers a predictive answers based on the scientific analysis. From the aspect of academic contention, theoretical research, practical exploration, especially in the dissemination of Pantisocracy, advocacy of world civilization, the pursuit of Pantisocracy, the author expressed his unique and insightful views with well-founded and convincing theories and evidences. To some extent, the book is the perfect sample of practicing the spirit of UN Charter's “it is in the minds of men that the defences of peace must be constructed”.

In view of this, I am very pleased to write this preface for Pantisocracy: The Dawn. I would like to recommend this book to my colleagues of UNESCO for sharing this wonderful research on the ultimate development of human society. Hopefully, we could continually work together for making our contribution to the world peace, practically fulfilling the tenet of the Constitution of UNESCO and speeding up the arrival of Pantisocracy.

Ma Peifang
Honorary President of the Gansu Provincial UNESCO Association, Experts of UNESCO Asia-Pacific Region Educational Innovation Development Service Center

目录

历史篇

古代国家的"自助性"造成五千年不断自生自灭的历史，证明了国家消亡、实现世界大同是人类社会发展的必然规律。

现实篇

现代国家正在受到全球化、区域化和企业国际化浪潮的冲击，导致权力分散化，标志着国家消亡、走向世界大同正在加速。

趋势篇

未来国家将在全球多种政治行为体“联合主权”的取代和扩展中逐渐走向消亡，从联合国直接过渡到“联合国世界中央政府”并进入“世界大同”。

CONTENTS

HISTORY

The history of states "To Sink or Swim" due its self-help character has proved that Pantiscocracy would be the inexorable law of human society development.

REALITY

The decentralization of modern rights of nation-states under the influence of globalization, symbolizing the acceleration on the replacement of states with Pantisocracy.

FUTURE

States would eventually vanish during the process of expanding the joint sovereignty between states and global political actors and United Nations would consequently transferred into the United Nations World Central Government.

前 言

德国社会学家吕普克指出："世界如何演变，人类文明何去何从，这一严重而紧迫的问题已经摆在所有人面前，到了严肃思考和认真对待的时候了。"[①] 他一语中的，击中了人类社会发展中的"异化"现象和世界"裂变"的要害。人类在地球上生活了300多万年，创造了丰富的物质财富和精神财富，建立了完备的经济制度和政治制度。与此同时，人类社会出现了越来越严重的全球性问题，比如危及人类生命安全的战争、军备与核扩散等，比如危及人类永续生存和发展的人口膨胀、能源资源枯竭和生态环境破坏等。世界、国家和民族已经走到了"十字路口"，人类向何处去？这是古今中外仁人志士不断探索的问题，柏拉图提出"理想国"、孔子提出"大同社会"、孙中山提出"天下为公"、现阶段众多社会学家提出"世界国家"等种种社会理想。"世界大同"理念，凝聚了人类的共同夙愿和希冀，也是先哲们数千年上下求索后的最终抉择。

---

① ［德］吕普克编：《危机浪潮：未来在危机中显现》，章国锋译，北京：中央编译出版社，2013年版，第1页。

习近平主席在2017年新年贺词中说：“中国人历来主张‘世界大同，天下一家’。……我真诚希望，国际社会携起手来，秉持人类命运共同体的理念，把我们这个星球建设得更加和平、更加繁荣。”本书根据世界现实发展现状，站在历史发展的高处展望未来，以综合学科的视野和世界主义的思维方式审视人类社会发展，把过去和现在作为研究的基石，架起与未来的桥梁，探索世界、国家、民族的演化方向，预测世界发展趋势，认为“以民族国家为主体的世界体制和秩序结构”亟待改革。本书有五点构想：一是纠正社会科学只重视研究历史而不重视研究未来发展的倾向，以此书满足人们渴望了解未来的心愿；二是通过研究古代国家“自助性”造成的自生自灭、现代国家权力的让渡式微和未来国家“联合主权”的取代和蚕食，作出国家将完全消失、世界政府生成和实现“世界大同”的判断；三是预测和提供世界未来发展的大方向，使人类社会有目的性、有方向性、合规律性地进化；四是从世界的历史和现实印证明天趋向大同的实现形式以及实现路径的可信度和可行性；五是推动世界始终朝着文明进步的方向发展，使人类更好地掌握自身未来的命运，为人类千秋万代造福。

本书作者用未来学的“望远镜”遥望人类社会终极发展，用“世界大同”的视角审视当今世界发生的翻天覆地的变化，如全球化的作用力使各国依存度的加深、全球多种政治行为体的出现和运作、国际规范的完善和国际法的硬化、联合国等国际组织干预的加强、“世界体系”和“世界文化”的产生和认同、全球信息的普及和共享、区域共同体和跨国公司的实践和示范、主权国家在全球范围的式微、权力让渡、限制和转移的加速等，这些因素已经成为社会组织和社会结构进入世界一体化发展的强大“动能”，已经建构了创建世界政府、实现“去国自治”的“世界大同”的良好开端。本书预言：本千年民族国家和世界国家自行消亡，下一个千年到来之际，人类社会将进入“去国自治”的“世界大同”社会。实现人类社会从“原始大同社会“到”初级大同社会“到”高级大同社会”的飞跃，这个预期似乎很久远，但与千秋万代的人类社会发展的历史长河相比，不过是短暂的一瞬间，就是在这一瞬间，国家完成了从产生到消亡的全过程：无国家（氏族部落自治）——国家（自助性）——主权国家（绝对主权）——联合主权（相对主权）——世界政府（初级大同）——自由联合体自治（高级大同）。

让我们以饱满的热情和大爱的情怀迎接“世界大同”的到来！

FOREWORD

German sociologist Geseko von Lüpke once said that it is the time to take problems, like how the world would evolves, where the human civilization would head to, seriously. What Lüpke said had struck home of the essence of “alienation” and “fission” phenomenon of social development. Humankind has been living on the earth for more than three million years, created abundant material and spiritual wealth along with the establishment of a full economic and political system. However, with no exception, more and more serious global problems also consequently appears with the development, say, the wars, the arms and nuclear proliferation; population expansion, energy shortage and environmental pollution. Have to say, the world, states and nations have come to the crossroads – where humans should go? The problem is the people with lofty ideals are constantly exploring and seeking for answers. That is why Plato raised the idea of The Republic, Confucius put forward the notion of *Great Harmony Society*, and Sun Yat-sen developed the concept of *International Equality*. Pantisocracy, being the ideal embodying the common aspiration and hope of humankind, is the final choice of sages after thousands years of quest and exploration.

Chinese President Xi Jinping said in his 2017 New Year’s Greeting: “The Chinese people have allways believed that the world is a commonwealth… We sincerely hope the international community will make concerted effort, work in the belief that mankind shares the same fate as a community, and build our planet into a more peaceful and properous place to live in." "It carefully analyzed, studied and synthesized changes of all aspects, convincingly forecast the developing trend, fully depicted the contours of human society in the future." The author of *Pantisocracy: The Dawn*, based on the reality of the world, standing on the height of historical development, examined the social development with a unique concept and cosmopolitan thinking methods to explore the evolving direction of the world, states and nations for forecasting the developing trend of the world. Through the link built between the research on the past and the future, the author proposed that the world structure and system mainly composed by national-state need to be reformed. That is why the book is aimed to clarify the author's ideas. Firstly, the author is trying to correct the tentative ignorance of the research on possibilities of future, thus to meet the need for people to know more about the future. Secondly, Through the study on "the sink or swim" of ancient countries caused by their self-help character, the degradation of the modern national rights and the transfer leading to national joint sovereignty of future states, the author had the judgment that Pantisocracy would undoubtedly replace current states in this millennium. Thirdly, the author predicted the developing trend of the world, in order to ensure the right evolving purpose, direction and regularity of social development. Fourthly, the author is trying to prove the credibility and feasibility of the method to realize Pantisocracy through evidences from history and present. Fifthly, the world should always be pushed along with the developing direction toward the civilization progress, therefore humankind could better control their fate and benefit future generations.

The author use the "telescope" of Futurology to look deep the ultimate development of human society and observed those earth-shaking changes taking place in the world from the perspective of Pantisocracy. Those changes included the deepened interdependence among states caused by globalization, the emergence and execution of various international political actors, the improvement of international norms and the toughening of international law, the strengthening of interventions by international organizations such as the United Nations, the emergence and recognition of "world system" and "world culture", the popularization and sharing of global information, the practice and demonstration of locative communities, the degradation of national rights within the global scope, the acceleration of demise, restrictions and transfer of rights. All mentioned factors has formed the powerful kinetic energy of world integration, contributing to a good start of realizing Pantisocracy. As a result, the author made predictions that the United Nations would directly developed into the United Nations World Central Government, which is the primary stage of Pantisocracy, at the early of this millennium; nation-states would completely vanish at the middle of this millennium to complete the transition from the United Nations World Central Government to the senior stage of Pantisocracy – "high-level world harmony"; and human society will finally reach the level of Pantisocracy at the first day of next millennium. Thus, upon that time, human society would have fulfilled the whole process from the original stage of Pantisocracy, primary Pantisocracy to senior Pantisocracy. It is for certain that the predicted time line is a long process, at least lasting for a thousand years, however, comparing to the developing history of human society, it could be regarded as a moment in the history.

Three orientation – facing the world, facing the future, facing the modernization, is the current and future working focus of Gansu Provincial UNESCO Association. This series is the result of it. The aim of the series is to expand the working scopes of the Association and to more effectively deliver the UN Charter and The Constitution of UNESCO into practice with the aim to promote more cooperation with counterparts in the wider fields.

Let us expecting the arrival of Pantisocracy with full enthusiasm and love!

导论："世界大同"：人类的福祉

人类社会历史向前发展有"双驱"动力——纵的社会生产力发展和横的人类交往扩展。当今世界，纵的社会生产力发展的主轴已经进入经济全球化时代，横的人类交往扩展的主轴已经进入互联网星球化时代。这两个主轴如同鸟之两翼、车之双轮，生产力革命之翼把国家从主宰地位推向全球范围内逐渐式微和与全球政治行为体"联合主权"阶段；人类交往之轮把人类从裂变推向全球化、区域化和企业国际化的"融合发展"阶段。为此，亚历山大·温特连续四年五次将"世界国家"的话题提交全球学术论坛，他预言："世界国家在100—200年出现是极有可能的。"① 社会学家张全义说："世界政府的出现是迟早的事，且造成这种趋势的原因是多方面的。"② 当今，世界政府、"世界大同"理想社会境界，如同清晨的阳光已经成为遥遥在望的美好愿景。

---

① Alexander Wendt, "Why a worldtate is inevitable", *European Journal International Relations*, 2003, pp. 491-492.

② 张全义：《世界国家生成机理初探》，北京：光明日报出版社，2010年版，第287页。

人类向何处去？这是先行者不懈思索的问题。几千年来，先哲们对理想社会进行了种种设想，从柏拉图、阿奎拉、莫尔、傅立叶、黑格尔到马克思都对人类世界终极发展做出了展望，其中有一个共同点就是“去国自治”的“大同”。在古代，“大同社会”理想最早是由中国圣人孔子在两千年前提出来的，他在儒家经典《礼记》中的《礼运》篇写道：“大道之行也，天下为公。”在近代，谭嗣同提出“有天下而无国”的“地球之治”；康有为的《大同书》提出“破除九界”的理想；还有众多政治家致力于大同社会的实践活动，他们立志大同，初心不改，毕其一生。在现代，许多专家学者和政府官员探索人类、民族、国家和世界演化发展趋势。他们不但给“大同社会”的历史概念赋予了新的内涵和现代意义，而且还揭示了曾经占据主宰地位的政治实体——国家在全球范围内逐渐式微的内在逻辑，从而得出“国家消亡、实现大同”的判断。2016年9月20日，“二十国集团”领导人杭州峰会浙江省总结表彰大会指出：“杭州峰会落实了‘西湖风光、江南韵味、中国气派、世界大同’理念。”曾任大庆市副市长的周海成著书立说，在《大趋势》一书中号召，“作为处在伟大变革时期的当代人，作为当今时代的领导者、具有远见卓识的政治家，应该顺应历史的潮流，携起手来化解分歧和矛盾，共同创造人类美好的明天，为实现大同世界的目标做出当代人应有的贡献。”[①]国务院研究室的忽培元为《大趋势》这本书写的序《世界大同——从空想到现实的诺亚方舟》

① 周海成：《大趋势》，北京：中国文联出版社，2007年版，第152页。

中说，作者以“雄辩的推理与确凿的证据，提出一个也许是许多大人物、大学者都未敢涉猎更未曾发现的重要命题：国家内涵正在消解，世界大同指日可待！”现任中国社会科学院欧洲研究所所长周弘博士也为《大趋势》写序道：“精进不懈地探索人类大同世界实现的诸种可能”、“虽然从现实到未来，从‘民族国家’到‘世界大同’还要有久远和艰难的历程，但是有不羁绊于近忧而深谋于远虑者，民族之幸，人类之幸”。从本源上看，“世界大同”是人类的理想和意义使然，更是人类社会组织形式进步的必然要求。历代仁人志士对“大同社会”的向往和追求，是对民族的大爱，是对人类的大爱。

然而不幸的是，人类社会从开天辟地到当今世界一直处于整体无政府状态，导致一部世界历史成了一部战争史。人类从人猿揖别开始主宰着世界，但相互残杀自有史以来从未间断，血腥的战争和屠杀愈演愈烈，规模越来越大！据瑞典和印度的两位学者统计，从公元前3200年到公元1964年的这5164年的时间内，世界上共发生战争14513次，只有329年是和平的状态，使36.4亿人死亡，损失的财富折合成黄金，可以修一条宽150公里、厚10米、环绕地球一周的金带。特别是拿破仑战争血染欧洲，把欧洲变成了屠宰场。世界史上战争历时最长的英法战争打了116年。[①] 在近代，人类历史上规模最大的战争一战和二战只相隔短短25年，共持续了10年；84个国家20亿人卷入二战，伤亡达1亿多人，其中有一个城市被围困880天、

① 何发堂：《古代战争》，载《新知识报》，1987年8月14日。

战死饿死100多万人，这就是德军围困的列宁格勒。[1]在当代，世界上仍然存在强暴和仇恨，如战争、内战、种族灭绝、种族驱赶、恐怖主义等。国际和平组织发表的一份报告指出，一年世界各国的军费开支总和达到9000亿美元，相当于每1分钟就有170万美元耗费在武器生产上，发展中国家现在的军费开支也在成倍增长，有的为大量购买军火而债台高筑。[2]为此，全球各界呼吁“要和平，不要军备竞赛”。人类应该进行深刻反思世界史为何是一部战争史，原因就是世界处于群龙无首的无政府状态，世界缺乏中央政府的最高权威，缺乏全球法制的规范和约束。

可喜的是，二战胜利后的1945年10月24日联合国正式成立，从此改写了人类的历史，使世界发生了翻天覆地的变化。联合国徽标上橄榄枝叶环绕地球的图案，记载着《圣经·创世纪》中诺亚方舟的动人故事，象征着对世界和平的向往，警示人类战争的悲剧不能再重演，比喻联合国正在造就拯救人类的“大同方舟”。联合国不负众望，已经成为当今世界上最具代表性、最有影响力、规模最大和最重要的世界性政府间国际组织。联合国的作用在国际风云变幻中不断增强，已经成为世界上的权威性国际机构，在维持国际和平与安全、推动国际合作、发展各国间的友好关系、反对殖民主义和种族主义、促进非殖民化、开展人道主义救援和解决全球性问题等方面发挥了积极作

① 《解放军报》，1980年1月10日。

② 李百祥：《军备竞赛》，载《解放军报》，1981年8月31日。

用；联合国及其若干专门机构，在全球化背景下，以新的理念、新的机制和新的角色主导全球治理，在推动世界经济发展、社会进步及文化交流方面做出了不可磨灭的贡献。联合国的未来发展，必将是人类永续生存和发展的靠山。实际上，联合国已经是名副其实的世界性主权国家联盟（193个会员国）的共同体，具有"世界中央政府"的法人资格（《联合国宪章》），联合国从形式上（联合国大会、安理会、秘书处和秘书长等组织机构和领导人）已经是客观存在的世界政府，具有制止侵略战争的"牙齿"（安理会），拥有世界法治规制权（国际法和国际法院），联合国已经成为世界政治前途的希望。

其实，社会政治结构的核心——国家，同任何事物一样，有它产生、发展和消亡的客观规律，这是由生产力发展和人类交往扩展所决定的。原始社会早期，由于生产力低下和人类交往范围极小而无国家。原始社会后期由于生产力发展和人类交往扩展而产生了国家。当生产力和人类交往发展到一定阶段时，国家就会成为世界经济贸易发展和文化交流的障碍。而这个阶段就是如今的全球化时代，如今的国家和国界"围城"对世界经济、贸易、技术、文化发展和人类交往扩展形成了严重制约，因而冲破国家"围城"就成为当今世界发展的必然要求，只有国家边界扩大到地球边界的时候才是生产力大解放的时候。为什么自古以来国家呈现非线性进化规律？这正是世界的"无政府性"和国家的"自助性"叠加效应的产物，导致社会系统"异化"和结构"裂变"，国家从生成以来就走上了一条不断自生自灭、生生灭灭之路，地球上早已存在的5000多个国家和大量国家疆界，通过无数次强大国家扩张、吞并弱小国家，造成世界上国家的数量越来越少，国家的平均面积越来越大，在现今的一个中等国家范围内就要消失数十或上百个小国家。而今，全球化作为历史的潮流浩浩荡荡，已经成为世界经济、社会、政治、文化发展和人类交往扩展的核心动力，加之新一轮全球化浪潮的到来引起了新一轮生产力大革命，冲击着民族国家的中心地位和唯一的、神圣的主权权威，正在改变着民族国家的主权观念和主权理论，削减着民族国家的内涵，促使国家职能发生重大变化。同时，全球多种政治行为体的出现、运作和作用的不断增强，国际法的硬化，非政府间国际组织的发展壮大，民族国家的能力受到极大减弱，导致国家权力的分散化、国家疆土分界线的模糊化，造成国家的结构设置、政策制定、内部管理趋于国际化，特别是工业革命以来诸多国际国内交织问题的关联性、跨国性和不可分割性，决定了全球性问题的解决只能依靠全球多种政治行为体的通力合作。为此，世界各个国家不得不向世界性、区域性政府间国际组织和非政府间国际组织进行政治主权、经济主权和文化主权的让渡和限制，致使民族国家权力中心地位发生变迁，加速了民族国家走向消亡和国界消失的步伐。同时，在全球化大背景下，世界上出现了相对于国家间暴力扩张与强权政治的“和平融合机制”，这种新机制、新形式不是“新帝国论”，不是武力征服，更不是一个吃掉一个，而是一场没有枪炮声的生产力革命，这场静悄悄的革命是以经济、政治、文化、民族的和平融合方式走向世界大统一、人类大融合，例如民族国家与全球多种政治行为体的“联合主权”、区域国家联盟和跨国公司的跨国生产经营等新形式。这些形式既找到了在新形势下改变国家“弹子球”式的发展方式而融入世界大市场，又是国家在“联合主权”中逐渐走向消亡的演化形式。目前，建立在国家之上的联合国现在已经形成了与国家的“联合主权”，欧盟、东盟、非盟和北美自贸区等区域国家联盟已经发展到在国家之上趋向“区域统一”的新阶段。全球化、区域化和企业国际化这三大动能，深刻地影响和改变着世界，已经使世界大统一、国家大融合从内容到形式都产生了质的飞跃，已经成为人类社会经历裂变、走向融合的有力见证。

全球化、区域化和企业国际化这三大动能作用的最终结果是什么？答案是世界多元文明融合为“世界一元文明”，民族完全消失，国家完全消亡。“全球化是名词，也是动词。作为名词的全球化指全球化最终的结果：种族界限消失，国家消亡，各种文化互相渗透、互相影响，交融为一体。它告诉我们，数十万年前从非洲大陆走出，分散到世界各地、在相互隔绝的状态下形成不同文化的人类最终会走到一起。作为动词的全球化指人类重新聚拢的进程，特别是全球化进程中量变到质变的关键点，这些关键点往往被称为‘全球化浪潮’。人类最终的全球化结果，要经过许多次这样的浪潮。”[①] 汹涌澎湃的全球化浪

① 和平、俞景华、李鹏、胡小磊：《全球化与国际政治》，北京：中央编译出版社，2008 年版，第 2 页。

潮，已经使世界发生了深刻的变化，但这显然只是全球化的前奏，最终结果人类必将不断从裂变走向融合，形成人类共同文明、共同理念和共同价值观念，促使民族国家消亡，"世界国家"诞生，实现"世界大同"。这是由于近三百年的全球化浪潮已经孕育成熟了的"世界政府"的新社会因素和滋长了世界大同的新生事物，为世界政府的建立奠定了坚实的基础，加之未来汹涌而至的无数次"全球化"浪潮，必然引起一场又一场更加雄伟壮阔的大革命的到来，必将不断加速走向世界大同的进程，一步步地把大同梦想变成大同科学，并以未来无数次全球化的强大动力托起和支撑人类美好愿景——世界大同。

2016 年中宣部理论局著《全面小康热点面对面》一书中指出："天下大同，和谐小康。"[①] 这就说明，我们正走在建成小康、奔向大同的路上。走向大同，人类的曙光。让我们放眼未来，立足现实，为世界大同的理想大厦增砖添瓦，作出我们这一代人应有的贡献。

---

① 中共中央宣传部理论局：《全面小康热点面对面》，北京：学习出版社、人民出版社，2016 年版，第 116 页。

历史篇

古代国家的“自助性”造成五千年不断自生自灭的历史，证明了国家消亡、实现世界大同是人类社会发展的必然规律。

人类在漫长的进化中，经历了约300万年的“原始大同社会”，也被称为“原始共产主义”(primitive communism)。列宁曾说，人类社会是一种有机体。就是说，人类社会这个有机体具有完备的自组织结构和自创生系统，当系统或结构在发展中出现“异化”或“裂变”时就会启动自修复功能，促使人类社会始终朝着文明进步的方向发展。人类社会政治结构的核心即国家的产生—发展—消亡规律，就是人类社会这个有机体产生系统“异化”和结构“裂变”后自发启动的“平衡”调节功能的产物。大约一万年前，萌芽了早期国家这种政治实体组织形式。可见，国家是一个历史范畴，不是从来就有的，也不是万古长存的，它从产生到功能完备的5400年以来经历了生生灭灭的过程。历史上大大小小国家一直处于强国吞并扩张、解体和重生，弱国疆土缩小、消亡和国界消失之中。国家的未来发展趋势是什么？一些政治家和社会学精英的观点是：随着生产力的发展和人类交往的扩展，国家最终将随着对外对内职能的消亡而消亡，实现人类从“原始大同社会”到“高级大同社会”的飞跃，这是国家进化的客观规律和人类社会发展的必然趋势。

第一章　国家演化的总过程：无国家—有国家—无国家

人类社会的政治结构及其核心国家进化发展的一般过程是：从无阶级到有阶级再到无阶级，从无国家到有国家再到无国家。就是说，在生产力低下的原始社会，没有私有制、没有阶级、也没有国家，处于一个低层次的无国世界，即“原始大同社会”形态。随着生产力发展，产生了国家，成为社会发展的基础。在生产力高度发展、人类交往高度扩展的未来社会，国家将随着私有制和阶级的消灭而消亡，人类社会将进入“去国自治”阶段，即“高级大同社会”。在这个过程中，原始社会的“无国家”形态是社会有机体运行健康的标志；奴隶社会后的四种“有国家”社会形态是社会有机体出现“异化”和“裂变”后而自发启动的“无形的手”——自修复功能；未来“无国家”社会是社会有机体恢复了健康，回归了本原。

第一节 人类第一个社会形态："原始大同社会"

一、"原始大同社会"形态的特征："有天下而无国"的"氏族部落自治"

宇宙物质运动的巨大力量演化出生命，生命经过40亿年把洪荒的地球改造成为蓝天白云的蓝色生态星球。与此同时，人类先祖经过900万年到1000万年的进化，演化出了智能生物高级物质形态的人类，实现了由物质向精神的飞跃，进而演化出了人的智能结构即大脑和自然界唯一直立行走的躯体，进化出了人类异于动物的灵与智和代替生理器官的工具，进化出了相互交流的手式和语言，从而实现了人猿揖别，人类开始创造自己的历史——"原始大同社会"。这是人类第一个社会形态，曾经被称作"原始共产主义"。这个社会形态起始于"人猿揖别"的人类社会的产生，终结于奴隶制社会形态的形成，大约延续了300万年之久。"原始大同社会"最大的特征是世界上无私有、无阶级、无国家，整个世界只有氏族和部落，地球上呈现一派共同劳动、共同分配、人人平等相处的一派文明星球景象。从古老文明到现代文明跨越的关键点，在于人类认识自然和认识人类自己的深度。

马克思和恩格斯1888年发行的英文版《共产党宣言》中，恩格斯在"至今一切社会的历史"的文字后面加了注："这是指有文字记载的全部历史。……摩尔根发现了氏族的真正本质及其对部落的关系，这一卓绝的发现把原始共产主义的内部组织的典型形象揭示出来了。随着这种原始公社的解体，社会开始分裂为各个独立、彼此独立的阶级。家庭、私有制和国家不是人类与生俱来的。”这就是说，原始共产主义还没有分裂为彼此对立的阶级以及国家的产生。在原始大同社会，是极低水平的生产力和以原始公有制为基础的生产关系的统一而构成原始社会的基础，这是人类历史上最先出现的生产方式。庄子构想的社会 具有“公天下”的重要特征，他的向往蕴含着“高级世界大同”的理想，因此也可被视为“原始共产主义”。中国儒家学说中的“大同社会”理想影响深远，直到近代和现代的一些研究者还著书立说，反映他们对“大同社会”生产资料同占有、同劳动、同分配的向往。

世界上发现“原始共产主义社会”的第一人是摩尔根，他的原始共产主义理论影响广泛。他第一次揭示了婚姻习惯的变革如何导致氏族制度的形成、演化和消亡。他最早通过考察婚姻、家族史，研究了这一阶段原始共产主义的性质、基本结构、组织原则和历史分期。摩尔根认为，人类社会由“血缘家族”到“群婚家族”再到“氏族”、“胞族”和“部落”的发展，构成了原始共产主义社会的第一个社会形态，即“原始大同社会”。摩尔根在《古代社会》一书中认为，古代氏族内成员都是平等的，氏族最高领导人是酋长，部落会议由氏族酋长组成，从男性成员中产生候选人，男女都有选举权和发言权，民主选举氏族和部落首领。德意志联邦共和国著名的政治学家赫尔佐克也持这样的观点。他认为，古代氏族内成员间平等、和谐相处，首领的产生通过民主选举制。[①]生产资料公有制、共同劳动、平均分配劳动产品，是原始共产主义的基本特征，原因是环境条件恶劣，生产力十分低下，只能依靠群体合作生存；生产资料不多，只能是公有化；产品和财富极少，只能平均占有；这种协体共生和兼顾老弱病残的平均分配方式，是人类脱离动物属性的大智慧。因此，原始大同社会的"平均分配"成为早期人类繁衍发展的基础。

在原始大同社会，人们使用简陋的石器和弓箭等工具，主要以采集天然产物和捕猎现成动物维持生存，这是因为面对其他部落挑战和猛兽袭击而需要集体合作，也是个体自然力量和生存环境的产物。这种状况决定了当时的生产关系只能是生产资料的共同占有，人们共同劳动，人与人的关系是原始的平等互助合作关系。所以，在这种生产方式下，没有私有财产，没有人剥削人的现象。原始大同社会形态之后的奴隶社会、封建社会和资本主义社会，才成为有阶级、有国家的社会。确切地说，原始大同社会的平等、民主也是相对的，并非绝对的平等、民主；原始大同社会的公有制，并非全民所有制，只是在一定范围内的集体所有制。生活在原始大同社会的人们，按照传统习惯和氏族首领的威信来维持、调整社会秩序。没有警察，没有宪兵，没有军队，没有官吏，全人类都生活在没有等级区别、

① ［德］罗曼·赫尔佐克：《古代的国家》，赵蓉恒译，北京：北京大学出版社，2003年版，第1页。

平等生存、平等利益、平等发展的无国家社会里。这与中国近代改革家谭嗣同提出的“有天下而无国”有同约之处。

原始大同社会形态，从人类社会的产生开始，一直到奴隶制社会的形成，这期间经历了大约数百万年，即使从史前准备或人猿揖别算起也有300万年以上。人类社会发展史是一个极其漫长的历史，发展非常缓慢，有时甚至长时期停滞不前。虽然发展极其缓慢，但还是逐渐发展的。例如，由原始群到氏族公社，由母系氏族到父系氏族。“原始大同社会”形态昭示我们，这个社会形态的意义在于人类以生产资料公有和平均分配的方式求生存，实现了在极其恶劣环境下的人类繁衍和发展。

历史是现实的一面镜子。未来人类向何处去？先行者们经历了数千年探索，结论是人类从蒙昧时代经过野蛮时代发展到文明时代，最终趋向“高级大同社会”才是人类的终极发展和归宿。这个发现是一个了不起的大发现，对于人类文明进步而言，与达尔文有机界发展规律的发现同样具有划时代的意义，真正找到了人类永续生存和发展的根本途径。虽然全球化浪潮已经开辟了通向大同社会的路径，但这个愿景的最终实现从现在起还需要数百上千年时间，不过这对于人类千秋万代的历史长河来说只是弹指一挥间，这个“弹指一挥间”的伟大意义在于它是人类社会由裂变到融合、由战争到和平、由愚昧到文明的转折点。

二、国家起源于“原始大同社会”末期

大约在一万年前，世界上出现了早期的国家共同体雏形。在这之前，人类基于“群居”生存的本性与“合群”生活的安全冀求，开始了创制理想共同体的探索，从氏族、部落和联盟共同体进化到国家共同体。在人类历史的长河中，国家政治组织形式在一开始并非占主导地位，帝国、城邦、联盟和部族在地球上许多地方都是共同存在的。较大的和较完备的国家在5400年前出现在中国的黄河流域、印度的印度河流域、埃及的尼罗河流域和夏威夷、安第斯山脉以及墨西哥等地。“事实上，国家本身就是一个人为的产物，因此所谓无政府结构并非都是从一而终的。”①

古代农耕文明带来了第一次社会大分工，农业与畜牧业的分离对人类文明进化具有重大意义。农耕文明是人类生产力第一次获得充分解放的标志，此时，农业生产虽然处于刀耕火种的蒙昧时代，但昭示我们的意义在于从此人类脱离完全依附于自然的野蛮状态，这是人类驾驭自然、征服自然的开端，也是国家兴起的基础。具体地说，在原始社会的末期，农业革命解决了适合培育的植物品种、找到适于耕种的地区和适宜储存备荒的食粮，生产力空前发展，产品有了剩余，一部分人为了占有另一部分人的剩余产品，由此产生了第一次社会大分裂，社会分裂为剥削者和被剥削者。自从人类社会分裂为剥削阶级和

① 张全义：《世界国家生成机理初探》，北京：光明日报出版社，2010年版，第283页。

被剥削阶级开始，占人口少数的奴隶主阶级迫使占多数的奴隶供其剥削，广大奴隶和奴隶主彼此对立的矛盾日益尖锐，阶级间的对立和部落间的矛盾加速了人类交往的扩展，也使冲突增多。这时，按照氏族原有方式无法调和矛盾和平息冲突，在这种情况下，只有凭借强制性的暴力机关——“国家机器”来维护本阶级和本部落的利益，于是，早期的社会政治结构的核心即国家应运而生了。一个国家兴起，就要消失数十个部落或部落联盟的领地，一个较大国家的形成，就要消失数十上百个小国家或联盟。亚里士多德的国家起源观认为，人生来就是政治的动物，这就是国家之起源，继而在松散的自然村落的基础上自发地、顺其自然地形成共同体，再由共同体构成大联盟，就是国家。从狭义的角度讲，国家是一定范围内的人群所形成的共同体形式。正如周海成所说：“公元前3000年，农耕畜牧取代采集狩猎，社会生产出现一次大的飞跃。剩余产品导致人口增加和私有制的出现，人类的社会组织也由氏族、部落发展到国家这一形式。从最初的城邦和城市国家，历经奴隶国家、民族国家、帝国等国家形式。”[①] 可见，氏族—部落—村庄—城市—王国—现代政治社会这个社会组织和结构的发展路径，并非人的意志，而是国家进化的一般规律。人类社会发展和国家的产生、发展和消亡，都是由社会生产力发展水平和人类交往扩展程度决定的。所以，无国家形态才是人类社会的本真；有国家

① 周海成：《全球化是解决人类生存和发展问题的根本途径》，http://www.cbcsd.org.cn/xws/xmdt/20061109/4461.shtml.

的形态只是人类社会组织和结构发展中的一个阶段、一个自然历史过程。如同李秀林等教授所说："从无阶级到有阶级再到无阶级，从无国家到有国家再到无国家，这就是历史唯物主义迄今为止所可能揭示的关于人类社会在社会结构和社会组织方面发展的一般过程。"① 可见，国家本身就是一个历史概念。从人类可记载历史的国家起源来看，与人类最初起源相比，国家产生至今也只不过是刚刚发生的"新闻事件"，用大历史观看，人类的产生至今也只不过是一个呱呱坠地的新生婴儿。

第二节　国家和国界的消失是国家自产生以来就开始的过程

国家形态并非"神的意志""上帝创造"，而是人类社会发展到一定阶段的产物，只是人类发展历史长河中的一个短短的过程。国家具有光明面和阴暗面的两面性，它既是人类社会发展的平衡运行基础，又是人类社会发展的裂变和制约。国家进化与经济、社会、文化的发展之间是一种辩证关系，既是矛盾的又是统一的；既有促进作用又有阻碍作用。一个国家处于和平稳定状态，经济社会就发展，国力军力就强大，人民就安居乐业；国家处于战乱分裂状态，经济社会发展就缓慢，国家就衰弱，无力保障国民的安全。国家这个社会组织和政治结构，

① 李秀林、王于、李淮春：《辩证唯物主义和历史唯物主义》，北京：中国人民大学出版社，1982年版，第331—332页。

从奴隶社会初期产生比较完备的国家形态的5400多年以来，经历了蒙昧的原始社会末期、野蛮的奴隶社会、割据的封建社会和垄断的资本主义社会，社会政治结构及其国家组织系统从无到有，逐渐趋于完备。

国家的起源和国家的实质问题，关系到不同利益集团最直接的政治利害，所以我们不能像有的人把国家说成“永恒的”“超阶级的”“万古长存的”，而曲解国家的真实本质，我们一定要树立唯物论的国家观，正确认识国家的生成规律、演化规律、扩张规律和消亡规律。《大趋势》的作者周海成通过对国家行为的研究得出结论：“国家的消亡是有史以来一直在进行的过程”，“国家的边界一直在悄悄消失”。[①] 国家从产生起就开始消亡的观点是有事实根据的。纵观人类5000年的文明史，借助科学技术的发展，利用交通工具的不断提速，国家的平均面积也逐渐增加，国家的数量一减再减。在世界各国历史上，国家形态毫无例外地走了一条产生、发展和消亡之路，5400年的国家史中国家消亡一直在进行着，有无数个国家在人类历史发展的长河中消失得无影无踪。据资料记载，古代地中海的亚历山大帝国、巴比伦、阿迪亚波纳等大大小小国家在历史上都消失了。可见，国家并非生来与历史相伴，也并非从一而终，更不是亘古不变的。在中国版图范围内，古代春秋时期的140多个诸侯国和“五霸”消失了、战国初期的13个国家和“七雄”消失了，后来的

① 周海成：《全球化是解决人类生存和发展问题的根本途径》，http://unn.people.com.cn/GB/14776/21672/4970146.html, 2008-10-28.

五代十国、三国两晋南北朝、东晋十六国等这些国家都在统一过程中自生自灭了。世界上国家的数量从千千万万个减少到有史记载的至少 5000 个。到近代，国家数量大量减少，到二战刚结束时的 1946 年只剩下 74 个。这就充分说明，地球上的国家从古代就开始大量消亡。但是，国家在消亡的同时也在不断生成新的国家，比如第二次世界大战结束至今的 70 多年中又出现了大量的国家。这是因为二战后许多国家摆脱了殖民统治，纷纷宣布独立，导致国家的数量快速增加到 214 个。[①] 这种国家兴亡、数量增减，生生灭灭、分分合合，正是国家演化规律的一种表现形式。

古代国家和国界的消失是国家自产生以来就开始的，这不是人的意志，而是人类社会生产力发展和人类交往扩展的必然结果，是不可抗拒的。国家消亡形式表现为渐变和突变两种：渐变形式趋于消亡是从宏观上说的，就是从国家在地球上产生一直到从地球上完全消失的全过程，也就是未来国家完成历史使命而自行衰亡，这种国家衰亡形式是一个漫长的历史过程，但最终衰亡是毋庸置疑的。正如李秀林等教授所说："最后，国家衰亡反映了从有国家到无国家是一个渐进的自然的过程。"[②] 从微观上看，国家的消失形式多种多样，一般都是呈现突变形式，比如强国吞并弱国、大规模瘟疫、重大自然灾害、国家间

① 周海成：《全球化是解决人类生存和发展问题的根本途径》，http://www.cbcsd.org.cn/xws/xmdt/20061109/4461.shtml.

② 李秀林、王于、李准春：《辩证唯物主义和历史唯物主义》，北京：中国人民大学出版社，1982 年版，第 354 页。

联盟等方式导致国家消失。因此，国家形态在人类社会发展中只是一种发展的阶段和一个自然历史过程，这个过程只是人类社会有机体“无形的手”——自发调节修复的产物和演化的一个过程。

第二章 国家的“自助性”决定了国家生死存亡一直处于自然状态

社会组织和政治结构的核心——国家，是一个政治范畴，是从人群共同体中分化出来的、有组织的暴力机关。国家是一个“自助性”的行为体，从产生起就必然要遭受到国际和国内双重危机。自古以来，国家在国内并非自组织结构，而是凭实力改朝换代，胜者为王败者为寇；在国际社会处于无政府、无法治、弱肉强食的状态下，国家只能依靠自身的实力求生存、图发展。因而，国家的产生、发展和消亡一直处于完全自然状态，呈现不断“产生—扩张—解体—消亡—重生”的演化过程。这是宇宙间一切事物遵循的规律，国家这个事物也是如此。

第一节 国家进化中的“自生自灭”

一、国家的扩张与解体

从远古的无国世界到以国家为中心和主体的当今世界，人类社会都是处于无政府无法治状态，国家只能是一个“自助性”

的联合体。自有史以来，国家如同处于弱肉强食的原始大森林，处于不断自生自灭和一个吃掉一个的自然状态。一般地说，国家在进化过程中，像滚雪球那样滚大了就会崩裂，崩裂后又会再生。强盛国家如同越滚越大的雪球，膨胀到一定程度就会像雪球崩裂那样走向解体，解体后又会像雪球再生那样而再次生成，如此循环往复。国家进化中的滚雪球效应，还表现在弱小国家被强国吞并而消失，或者割地赔款、缩小疆界。从总体看，一个个国家在扩张中疆界膨胀，在膨胀中解体，在解体中消亡；一个个国家在分裂中统一，在统一中分裂。历史上的国界范围从氏族界、部落界、共同体界、联盟界都向国际边界扩大；一些国家膨胀扩大的速度越快，另一些国家的缩小和消失的速度也越快，扩大和消亡是同一个过程的两个方面。例一，俄国从基辅罗斯大公国到莫斯科公国向外扩张，建立统一的俄罗斯国家。沙皇俄国和俄罗斯帝国都向西、向南扩张领土，控制中亚，成为面积达 2280 万平方公里、地跨欧亚的大帝国，在这期间有大量欧亚国家和国界消失。例二，美国在独立战争时期面积约 90 万平方公里，后经过西进扩张，以夺取和购买的方式，在独立后的一百年时间里，领土面积增加了三倍之多，也导致了数国消亡。例三，英国在 18 世纪灭七国建立英格兰王国，后经百年内外战争，形成统一国家，之后海上势力增强，成为海洋强国，实施海外殖民扩张，“到 1914 年，英国拥有的殖民地面积已达3350万平方公里",[①] 造成许多国家的分裂和消亡。[②] 例四，中国曾是世界上较大的封建帝国，总的发展趋势是走向统一融合。从夏、商、周前三个王朝建立，在中原大地上就有八百诸侯国家和国界消失。秦国吞并了六国，形成了大一统格局和中央集权治理的国家。中国第二个大一统的王朝是汉朝，向周边小国扩张，疆界扩大。隋唐王朝也是两个大一统王朝，实现了最强盛时期，经济、政治、文化呈现繁荣景象，出现了"贞观之治""文景之治"等太平盛世。元朝疆域不断扩张，成为横跨欧亚两大洲的大帝国。清朝前期继续向周边扩张，巩固了中国的统一稳定局面，国力强大。在中国历朝历代的分分合合中，在大一统版图上，很多小国家都消失了。

"'城邦'的发展和得到社会的普遍的认同经历了数百年甚至千年的嬗变，且在早期阶段，人类社会曾存有过至少5000个城邦国家的。"[③] 世界上曾有过5000多个国家，大部分城邦国家在数千年的嬗变中消失了。国家从产生以来，伴随生产力的发展和人类交往的扩大，一直以暴力方式对外侵略扩张、对内王朝更迭，总是处于"分久必合、合久必分"的分分合合、生生灭灭交替式循环之中，分裂导致国家衰退，统一促使国家兴盛，兴盛就开始扩张，扩张后又分裂，分裂后又统一。例一，中国历史上有几个比较大的融合与分裂时期，周朝融合过后的

① 周海成：《大趋势》，北京：中国文联出版社，2007年版，第55页。

② 同上，第30页。

③ [新加坡]马凯硕：《大融合：东方、西方，与世界的逻辑》，韦民等译，海口：海南出版社，2013年版，第49页。

春秋时期分裂出140多个诸侯小国和“春秋五霸”，到了战国时期形成七个诸侯国，历史上称为“战国七雄”；秦汉统一融合后，又出现了三国、魏晋、南北朝的分裂状态，最多出现16个国家，统一后建立了融合的隋朝；唐朝统一融合后出现了五代十国、宋辽金的分裂局面，元朝又实现了统一，在扩张中消灭了数十个小国家。例二，大英帝国从19世纪开始不断膨胀，殖民地面积超过3350万平方公里，占全球陆地面积的1/4，是本土面积的100倍以上，总人口是本国原来的9倍。当时号称“日不落国”，但最终宣告殖民体系瓦解分裂。例三，俄国“十月革命”后，1922年乌克兰、白俄罗斯等国家加盟，形成苏联的统一局面，地跨欧亚大陆，是地球上最大的国家，但于1991年解体。这是典型的分久必合、合久必分的国家演化规律，苏联从生成到扩大再到解体的事例，是一种有代表性的国家进化规律的表现形式。

二、国家的消亡与重生

国家衰亡的命题，具有深刻丰富的辩证含义，表现在国家进化中的有生有灭、生中有灭、灭中有生。在联合国诞生以前，国际社会不是国家生存的主要条件，国家与国家之间的依存度极低，国家在国际社会的无政府无法治状态中，一个国家的生死存亡只能依靠自身的国力和军力。因而，人类社会变成大鱼吃小鱼的汪洋大海，导致国家在产生中消亡、在消亡中再生、在重生中消亡，就这样在分分合合、生生灭灭的循环运动中演化。国家无论是分裂还是统一，在这两个过程中，都有大量的国家和国界消失。古代中国是由松散的氏族间联合到部落联盟构成共同体，由共同体构成大联盟，这是自古以来人类融合与发展的主要形式，也是国家和国家边界消失的过程。在世界史上，总的趋势是国家的融合与扩大，大量国家和戒备森严的疆界在融合和扩大中消失。中国的秦、汉、唐、宋、元、明、清这七个大一统王朝的疆域拓展和统一融合的背后，原来的许多小国家和边界消失了。“纵观人类 5000 年的文明史，随着人类自身及借助交通工具运动的速度增快，国家的平均面积也逐渐增加；国家正处在不断融合和统一的过程中，国家的数量逐渐减少；国家正处在消亡的过程中。”“国家数量逐渐减少……公元前 1000 年时地球上约有 2180 个国家，经过了 3000 年消失了 90%的国家，目前只剩下 214 个国家。”① 可见，国家面积的扩大与交通工具运动速度增快以及人类交往扩大相联系，也就是说，国家的大小与生产力发展和科技进步相联系。

一部世界历史，就是一部国家间和国家内部的战争史，也是一部国家和国家疆界的消亡史。远古时期消亡的大部分国家已经无法考证，只有少数大国在历史典籍中有记载，例如犹太王国、波斯帝国、罗马帝国等，还有更多无名中小国家消失得无影无踪。在这个过程中，一些国家不断膨胀、面积越来越大。美国从 90 万平方公里扩展到 937 万平方公里，俄国从 100 万平

---

① 周海成：《全球化是解决人类生存和发展问题的根本途径》，http://www.cbcsd.org.cn/xws/xmdt/20061109/4461.shtml.

方公里扩展到2280万平方公里，英国从10万平方公里扩展到3350万平方公里。[①] 在这些大国强势扩展边界的同时，必然就有无数国家消亡和大量边界消失。这些国家和国界的消失，既包含国家宏观上渐变式消亡的环节，也包含微观上突变式被实力强大的国家消灭的环节，这两条带有普遍性的国家消亡规律贯穿国家演化的全过程。从整个人类社会历史发展的长河来看，国家形态只是一个短短的自生自灭过程。

第二节　国家和文明消失的途径：战争和天灾

翻开关于人类社会发展的典籍，基本上都记载的是战争。从一定意义上说，“一部人类社会的历史就是一部战争史”。例如，雅典与斯巴达的战争、波希战争、炎黄之战、成吉思汗西征、美国南北战争、两次世界大战等国家间的侵略与反侵略战争，还有大量的国内争夺政权、改朝换代的战争，都会造成国家和文明的消失。

一是古代战争方面。据一位苏联学者统计，从公元前1496年到公元1861年这3357年间，人类有3130年在打仗，只有227年是和平的。[②] 又比如19世纪的欧洲发生了无数次大大小小的王朝战争和霸权更迭战争，从“三十年战争”以来欧洲大陆年年打仗、月月炮火连天，特别是拿破仑战争血染欧洲。不

① 周海成：《大趋势》，北京：中国文联出版社，2007年版，第19页。

② 何发堂：《古代战争》，载《新知识报》，1987年8月14日。

难判断，在一个无政府、无法制、无仲裁的世界环境中，不可避免会出现帝国争霸、国际关系混乱无序的状态。

二是在近代战争方面。航海强国西班牙、葡萄牙成为近代首批靠掠夺殖民地发家的大国，称霸世界，后来被后起之秀英国取代。英国仰仗"坚船利炮"成为最大的殖民帝国。接着，法国和西欧国家向全球扩张，形成欧洲列强群起、厮杀拼打的局面。在人类历史上，涉及五大洲四大洋规模最大的战争是一战和二战；损失最惨重的战争是二战；战争历时最长的是英法战争，打了116年。[①] 在人类历史上规模最大的战争一战和二战相隔只有短短25年，但共持续了10年。中国从1840年鸦片战争以来的历史，就是一部遭受外国入侵的近代史。富丽堂皇的圆明园，在1860年英法联军抢掠毁烧之下只剩一片废墟。类似这样的毁灭和破坏直到近代依然屡屡发生。

三是在当代战争和军备竞赛方面。国际和平组织发表了一份报告指出，世界上除了烽火四起的局部战争造成动荡和纷乱外，各国军备竞赛你追我赶、水涨船高。目前，军事大国已经开启了"空天战争时代"，向太空竞争。为此，世界各国应增强国际法意识、提升和平理念、抑制极端民族主义、控制军备竞赛，这已经迫在眉睫。

在历史上，人类向往和平，却又难以避免战争。在一个无政府、无法治的世界环境中，和平机制不可能确立；只要有国家和民族主义存在，此起彼伏的帝国争霸战争、纷乱的王朝更

① 《解放军报》1980年1月10日。

迭战争就是不可避免的。在国家进化的过程中，国家和文明在暴力冲突中悄悄消失，无数宝贵的民族文化丢失，古迹遗址在战争中沦为废墟，古老文明在遭到外敌入侵和殖民统治中被破坏，给人类演化造成巨大损失。“在世界历史上，许多国家和文明稍纵即逝，有的是由于自然环境的恶化，大部分是由于内部矛盾和外敌入侵，使其消亡在历史的长河中。比如，苏美尔文明就是由于自然环境的恶化而使国家消亡的。从新石器时代起，幼发拉底河和底格里斯河两条大河哺育了许多农业村落。约公元前3000年，从外部迁移到伊拉克南部干旱无雨地区的苏美尔人利用河水灌溉农田，并在生产中发明了世界上最早的文字——楔形文字，从而创造出一批最早的城市国家和灿烂的苏美尔文明。”[①] 阿卡德、亚特兰蒂斯、香巴拉王国以及巴比伦文明、印加文明、玛雅文明、阿兹特克文明、苏美尔文明等数百个主要国家和主要文明都消失了。从公元前2004年开始，苏美尔等一批城市慢慢衰落，国家逐渐消亡，苏美尔文明随之消失。这种国家和文明的自生自灭，是在当时生产力低下、科技不发达的情况下，一些地方由于自然环境条件由优变劣，有的地方则是人为造成自然条件恶化，使繁荣的城邦变成荒无人烟和自生自灭之地，国家和文明也永远消失了。有的国家和民族的文明在搬迁和转场中消失了，有的在东山再起中另起炉灶而丢失了传统文化。再如，中国西部的楼兰国和楼兰文明的消失，就是在历代战乱、过度开垦、土地沙化、河流干涸后被沙漠掩埋。

① 周海成：《大趋势》，北京：中国文联出版社，2007年版，第76页。

世界五千年文明历史证明，不同民族、不同宗教和不同国家先后创造了形形色色的精神文化和物质文明，随着时间的推移，因为人为破坏、自然生态环境灾难和人类瘟疫而没有保存下来，绝大部分古老文明都已经时过境迁了，有的国家和民族也都消失得无影无踪。人类如果没有精神文化和物质文明的传承，至今可能还在黑暗中徘徊，依然处于愚昧野蛮的时代。可见，民族国家发展的历史，就是人类历史的野蛮与文明、战争与和平、愚昧与科学不断进步的过程。历史昭示现实人类世界，如果要永续生存下去，就必须解决生态保护和制止战争两个生命攸关的问题，特别是后者。为此，瑞典人松鲍法维写道：“总之，我们可以说，民族主义长期以来发挥了其应有的作用，而现在该是谢幕的时候了。为了人类自身的生存，人类必须迈出最后一步，即全球的团结。群体成员之间的团结，首先从家庭延伸到部落，再从部落又延伸到地区，然后到国家。这些发展变化不是无痛的。而是生存所必需的。现在，出于同样的原因，人类必须迈出这一步。”①

现今，正是人类迈出这一步的时候到了，民族主义早该谢幕了，早该让位于世界主义、人类主义和世界文明秩序。全人类必须携手并肩，戮力同心，否弃暴力，使战争的悲剧永远不再重演。

① ［瑞典］拉斯洛·松鲍法维：《人类风险与全球治理：我们时代面临的最大挑战可能的解决方案》，周亚敏译，北京：中央编译出版社，2012 年版，第 96 页。

第三章　大统一、大融合是人类社会发展的总趋势

纵观人类社会历史发展，我们就会深刻认识到：国家和平与统一，经济社会才能发展，国家才能强大，人民才能安居乐业；同理，世界大统一大融合，天下才能太平，世界才能发展，人类才有福祉。世界历史上强大国家都是在较长时间和平统一环境下由弱变强、发展壮大的。相反，国家在分裂战乱环境中则会由强变弱、由兴到衰。但从总趋势看，人类社会是向统一融合、文明进步的方向发展的。特别是进入联合国时代后的70年，改写了人类分裂战乱、失衡无序的历史，实现了世界总体上的天下太平。如今，全球化深入发展，世界经济快速增长，社会交往不断扩展，科技不断进步，世界正在朝着和平发展、融合发展的方向迈进。

第一节 人类社会发展的永恒主题：融合与发展

一、融合与发展是人类几千年的期盼

从古到今，融合与发展是人类社会发展的永恒主题。这个主题，在理论上体现了人类整体利益观，在实践上反映了世界上的民族和国家走了一条从裂变到聚拢的路，五千年来古代氏族间、部落间联合和现代国家间、民族间的联合，都是由小到大不断融合扩展的。这是因为，人类世界存在着共同价值和共同利益。古今人类的实践一再证明，国家的强大只能依靠和平发展、融合发展来实现，不能依靠暴力征服和强权政治。特别是当今世界的国际法不断硬化，国家利益的获得只能依法依规，以合作竞争的形式来实现。斯特林费洛·巴尔早在 1949 年就提出："和平的代价是正义，正义的代价是法律，法律的代价是政府，而政府一定要对人人应用法律，而不仅仅限于各附属政府。尽管建立法治世界的那一天还很遥远，但要从现在起关注法律的重大作用，和平解决分歧，化解矛盾，真正的世界新秩序终将会变为现实。"①如果在现时代采取错误方式触碰国际法红线而侵略他国，就会受到世界各国群起而攻之，走合作发展之路才是人间正道。其实，无论是古代还是现代，世界统一、人类融合才是人类文明进步的愿望和数千年来的共同诉求，从国家

① ［美］Stringfellow Barr, *The Pilgrimage of Wetern Man*, New York, Harcourt, Brace and Company, 1949, p. 341.

发展总的趋势看，世界上的国家走了一条融合扩大之路，现今的联合国共同体、区域共同体等新型融合发展形式的出现，就是自古以来从松散部落构成共同体、由共同体构成大联盟形式在现代社会的更新形式，是历史上融合与发展形式的继续。

合群乃人类之天性也。融合与发展是人类社会发展的永恒主题，这是人类几千年的结论和期盼。纵观人类文明史，我们可以看出，国家大统一、大融合就能创造出人间奇迹。古代希腊、古代印度、古代中国创造了人类最辉煌的文明，就是得益于国家统一与融合，也只有国家统一融合才能使一种文明不断推向进步。中华文明是世界上唯一保存下来的“连续性文化”，就是因为华夏民族在历史上基本保持了统一融合状态。万物都在变，融合与发展的范围从古代到现代、从国家到世界也在不断扩展。欧洲人哥伦布航海发现新大陆，麦哲伦环球航行建立地圆说，中国汉代张骞开拓欧亚交往的丝绸之路，中国明代郑和船队下西洋扩展外交活动，当今的登月考察壮举等，证实人类从未停止过探索的脚步，其意义并非只是地理学研究，而是关系到对世界、国家、民族和文明的认识，关系到观念的转变和视野的扩大，把融合与发展从民族和国家扩展到全世界、全人类，因为世界不能分割、人类不能分割，全球大融合才是人类的终极诉求。为什么人类不懈地追求融合？这是由一切生物的生存法则决定的。人类微观心理上的相互依存心理，人类宏观心理上的群体利益观，这是打破隔绝的强大动能。

二、世界和国家的快速发展都靠和平发展、融合发展的大环境

数千年的实践证明，国家和平统一，才能使经济社会快速发展。一个国家的国力、军力强大，都必须经历较长时间的国家统一、民族融合、和平稳定的国际和国内环境下的恢复期、发展期和强盛期。中国、美国、俄国和英国的发展壮大，都是得益于长期处于国家统一、民族融合与和平稳定的国际和国内环境。例一，美国从19世纪开始非常重视社会稳定，废除摧残民主权利的法令；重视发展经济，减轻税收，鼓励贸易，发展工商业，重视科技的发展，奖励发明创造，从而使美国国力大增，开始了不同形式的对外扩张，版图不断扩大。南北战争后，美国发挥了统一融合的优势，大力发展机器制造、造船、汽车、飞机等制造业，大力发展交通运输业，一举成为世界超级大国。例二，俄国从莫斯科公国时期，改革中央集权，设立参政院，实行全俄统一法律，在改革国家治理方式的基础上，进行经济、政治、军事和文化等领域的全面改革，实现了国内和平统一，同时加强军队建设，促进了经济发展，增强了国家实力，开始了对北方的扩张战争，进而向东、向南大规模扩张。例三，英国的强大是以国内长期和平稳定为基础，通过资产阶级革命和经济、政治、宗教的改革，自18世纪第一次工业革命后，从科技强国走向海洋强国，工业快速发展，国力和军力增强，依仗坚船利炮进行全球殖民掠夺，成为世界上拥有殖民地最多的国家，“1800—1876年，英国的海外殖民地从1130万平方公里

增至2250万平方公里。”[①] 例四，中国在历史上是一个统一的封建帝国，秦朝统一六国前，对外利用外交与和亲的手段与其他六国交好创造和平发展环境，对内利用商鞅改革措施发展经济，采取强国兴军安民政策，发展壮大后再扩展疆域、平定天下。汉朝开国初期，百废待兴，需要休养生息，于是采取对北部匈奴和亲、对南部诸王国安抚、对下采取轻徭薄赋的让步于民政策，增强了国力，为拓展疆土奠定了雄厚的物质基础。唐朝的经济繁荣、政治稳定、文化发达和国力强大，来自于周边环境的和平安定和民族大融合，创造了开明的政治、和谐的民族政策、宽松的徭赋制度和鼓励农桑措施，开创了盛世景象，成为当时世界上最发达的国家。元朝是中国历史上疆土横跨亚欧两大洲的大帝国，其成功得益于汉蒙融合，采用先进的“汉法汉制”治理国家，学习汉人金属冶炼制造兵器，加之蒙古族能骑善射，结果征服了亚欧大陆。清朝初期，满汉融合、政治稳定、经济繁荣、国力强盛，创造了“康乾盛世”，不断扩展疆域。古往今来，强大国家发展的历史证明，只有和平统一经济社会才能快速发展。当今世界经济快速发展和科技飞跃式进步，就是得益于二战后70多年总体上处于和平发展与融合发展的大环境，世界未来实现快速发展仍然要靠和平发展与融合发展的大环境。

① 周海成：《大趋势》，北京：中国文联出版社，2007年版，第73页。

第二节 "世界大同"是人类先行者两千年来的不懈追求

古往今来，为什么先哲们对未来大同社会情有独钟，不懈追求？原因就是它与"原始大同社会"的公平正义、民主平等不无关系。他们向往的是"原始大同社会"的公天下、无阶级、无剥削、无国家、无等级，共同劳动，共同分配的社会制度。人类先行者数千年的希冀并不是要回归到原始大同社会形态，而是向往"大同社会"的"去国自治"的社会制度，他们已经给大同社会注入了自己的理念和赋予了时代的意义。

一、先哲们向往的理想社会的核心——"去国自治"

世界大同理念，之所以历经千年而不衰，核心是因为"原始大同社会"的模式是"无国世界"，即无国界的社会。这个理想社会境界是许多伟人和政治精英们的共同追求。马克思提出国家衰亡和共产主义是人类社会的终极目标；恩格斯提出摆脱国家这个"赘瘤"，把它"放到它应该去的地方，即放到古物陈列馆去，同纺车和青铜斧陈列在一起"。[①]列宁在《国家与革命》一书中专门论述了国家最终自行消亡的必然趋势和消亡的道路。中国近代的改革家谭嗣同的理想社会是"有天下而无国"的"地球之治"；康有为设计出了完整的"大同社会"模式，提出"破

① 《马克思恩格斯选集（第4卷）》，北京：人民出版社，1985年版，第170页。

除九界”的理想。可见，这些中外伟人和理想家对理想社会模式的展望有同约之处，这就是从达尔文生物进化论衍生出社会进化论的历史观点，主张不要社会政治结构及其核心国家和国家体系、不要国家的疆界，实现以地球边界为边界的“大同社会”理念。他们渴望的“去国自治”的社会，是在人类自然历史过程中形成的社会制度，与西方无政府主义者蒲鲁东、巴枯宁否定在任何历史条件下的国家、否定一切政权和权威、否定任何组织和纪律的主张是不同的、相区别的。

“有梦无路”是中外先哲们追求理想社会的缺憾，他们的追求“梦不逢时”，在那个时代是不可能实现的。圆梦的路在哪里？实现未来“大同社会”的前提，就是民族国家必须消亡，而民族国家的消亡必然是在无数次全球化这个核心动力的推动下，社会生产力高度发展和人类交往扩展到全球阶段和全球水平时才能实现。在过去的历史条件下这两者都还不成熟，他们的大同目标自然是无法实现的，因为当时不但国家消亡条件不具备，而且统治者正在强化国家机器、国家职能和专制统治，所以只能陷入空想。还有一个关键点值得注意，在中国历史上先行者们的大同理想是建立在小生产、小农经济和集体所有制基础上的。从封闭的“私天下”逾越到世界性的“公天下”，不经历人类交往扩大和生产力革命是根本不可能实现的。而现今人们憧憬“世界大同”是有现实依据的，并非乌托邦式空想。这是因为，全球化悄悄地培植了“大同社会”的新社会因素——世界体系。正如林娅所说：“全球化在物质和精神两个方面为人类的发展开辟了无限广阔的前景。在这个意义上，人类憧憬美好的未来不是没有根据的。”①我们认为，这个“美好的未来”就是“大同世界”，这个“根据”就是无数次的全球化的结果。同时，我们现在所追求的“世界大同”理念，是给中国古代思想家的“大同社会”理念赋予了当今世界的现代意义，即“原始大同社会”的更新和提升形式——高层次的“世界大同”模式。

人类社会发展进步到今天，世界发生了翻天覆地的变化，特别是进入了全球化时代，实现大同既有梦又有路，时机逐渐趋向成熟。一方面，从当今世界经济全球化、政治全球化、文化全球化和全球治理发展的大趋势看，人类社会将会从和平发展的主题转变到融合发展的主题；另一方面，从全球化、区域化和企业国际化的作用力看，正在趋向经济、文化大融合，正在影响和改变着世界发展的轨迹并朝着“世界大同”的方向迈进。“在全球化时代，人类走向大同的趋势已经渐趋明显，条件也逐渐成熟。如果我们从这个新的视角审视人类新的大同的理念，就会发现它符合人类共同生存发展的要求和必然趋势，先行者的理想具有高度的前瞻性，与宗教共同体的理念不谋而合。”②

① 林娅主编：《全球化与社会发展理论研究》，北京：北京大学出版社，2006年版，第37页。

② 周海成：《大趋势》，北京：中国文联出版社，2007年版，第77页。

二、众多政治精英和仁人志士是“世界大同”理念的实践者

数千年来，世界的终极发展问题一直是世界政治研究中一个受关注的命题。众多先行者追求的理想社会形形色色，但核心多为“去国自治”,“大同社会”模式成了理想家们的共同愿景，只是提法不同而已。从古代到现代，众多理想家和仁人志士为了追求这个理想社会境界，有的精心绘制蓝图，有的为之奋斗一生：英国的托马斯·莫尔的“乌托邦社会主义”，意大利康帕内拉的“太阳城”，德国闵采尔的“千载太平之国”，古希腊哲学家柏拉图的“理想国”，法国的圣西门、傅立叶等精心设计的“社会主义”模式。欧文等理想家们还亲自在美国印第安纳州和英国多地建立“新和谐公社”，进行多次试验。他们投入巨资、花费多年经营“新和谐公社”，主张未来社会应该实行财产公有、消灭三大差别、普及教育、妇女解放、共同劳动、平等分配等非常相似于“大同社会”的制度。但是，由于当时的历史局限性，他们找不到实现理想的正确道路，只是企图依靠宣传劝导、示范实验、说服感化等方式消除私有制和阶级剥削。虽然他们多次建立的“新和谐公社”瓦解了，但他们所倡导的“理想社会”理念具有非常重要的积极意义，只不过因为当时的条件不具备而不能变成现实。我们以现今全球化的新视角审视他们的“理想社会”理念，认为他们的理想确实代表了人类的愿望，不但不是空想，而且有的在现代已经变成了现实，有的将在未来逐渐变成现实。

“世界大同”理想源远流长。在中国古代，最早是由圣人

孔子提出来的，儒家的最高社会理想是从小康社会发展到大同社会。孔子在儒家经典《礼记》中论述了“儒家秩序”和“家”与“国”的中国价值观念的历史建构：治理“家”的道德修养和“正心、修身、齐家、治国、平天下”的治国理政本领。《礼运》篇描绘了“大同社会”的图景和模式：“大道之行也，天下为公。选贤与能，讲信修睦。故人不独亲其亲，不独子其子，使老有所终，壮有所用，幼有所长，鳏寡孤独废疾者皆有所养。男有分，女有归。……是故，谋闭而不兴，盗窃乱贼而不作，故外户而不闭，是谓大同。”这是多么美好的社会景象，反映了两千年前中国人对“原始大同社会”的理想境界的向往和追求。在中国近代，康有为在 20 万字的“托古改制”著作《大同书》中设计了 “世界大同”的模式，绘制了“世界大同”的蓝图和大同社会的具体形态。一是上层设计：大同世界里没有国界，全地球只有一个公政府，不设总统等行政长官，设立上下 4 院和 20 个各领域管理部门，配备若干职员。二是下层设计： 各基层设立社会公共服务的“十院”。三是每个人从出生到幼儿园、到上小学中学大学，生老病死都由政府负责。康有为的“世界大同理念”，与马克思对未来人类发展的构想有许多惊人的相似和相同之处。在中国近代，洪秀全领导的“太平天国运动”，是真正的农民式“世界大同”的革命实践活动。革命者颁布了《天朝田亩制度》，这是以平分土地方案为中心的经济、政治、文化、教育、社会生活等综合性革命纲领：“凡天下田，天下人同耕”，“有田同耕，有饭同食，有衣同穿，有钱同使，无处不均匀，无人不饱暖”。在中国近代，革命先行者孙中山为了“天下为公”“世界大同”的理想社会而革命一生，推翻了数千年封建帝制，建立了共和。在中国现代，毛泽东为了实现“太平世界”和共产主义而革命一生。例如，20 世纪 50 年代末，在中国数亿人口和数百万平方公里的农村大地上进行了大规模实践试验，实行“人民公社”的生产资料公有制，公社成员共同劳动、共同分配产品、共同吃食堂，从而使“公天下”的精神深入人心。21 世纪，清华大学公共管理学院教授、国情研究院院长胡鞍钢倡导走“世界大同”的“公天下”之路，[①] 为学术界开启了一扇争鸣的大门，期待天下有志者研究跟进。

① 胡鞍钢：《“世界梦”就是“大同世界”》，载《人民日报·海外版》，2013 年 4 月 8 日。

现实篇

现代国家正在受到全球化、区域化和企业国际化浪潮的冲击，导致权力分散化，标志着国家消亡、走向世界大同正在加速。

回顾历史是为了指导现实。现代历史开始于公元 1450 年前后，被称为“新时代”。新时代是从旧时代走过来的，而全球化浪潮对古代国家进化到现代国家起到了承前启后的作用，是国家分分合合、生生灭灭的继续。历史的连续性是我们认识现代国家嬗变的坐标。这种连续性，一方面表现在现代国家主权机制受到全球化五大力量的冲击，导致现代国家主权理论的重构和相对主权观的兴起；另一方面表现在民族国家面临全球多种政治行为体的出现和运作，导致在全球范围内民族国家掌控的主权的式微、限制和让渡，造成高度集中的国家权力多层面散失、国家能力和权威的弱化。全球化、区域化和企业国际化这三大动能，是促使世界体制重构和秩序重建、国家走向消亡、实现世界大同的核心动力。

第四章 全球化使民族国家成为人类融合发展的障碍，改革世界社会政治结构势在必行

民族国家是民族与国家结合的产物，既有民族的内涵，又有国家的内涵，是两者的有机结合体。民族的形成先于国家，民族成就国家，国家融合民族。民族国家的基本要素包括：国民、国土、国语（国文）、国府（政府）和国家主权等；其特征：首先是主权国家，其次是民族认同与国家认同的统一。国家是一种制度；民族则是一个灵魂，一种精神品质。民族国家在历史上发挥了重要作用，但在世界大统一、人类大融合为主旨的全球化时代，民族国家暴露了其生存能力、控制能力和发展能力不足等问题，也暴露了民族的偏执和狭隘利益观的弱点和民族主义的负面因素，民族国家已经成为世界经济贸易发展、政治交往、文化交流的障碍，必须进行全面改革，世界才能从过去无序竞争导致的严重失衡状态走向有序稳定运行。

第一节 世界大统一、人类大融合是全球化浪潮的主流

"世界已经是一体、全球各国，无论东方还是西方必然要在更广泛的思想基础上达成一致和融合，才能在这个星球上生存。"① 就是说，人类世界只有"达成一致和融合"的思想基础才能在这个蓝色星球上生存下去，如果继续分裂争斗就会被开除出"球籍"。爱因斯坦以高明的方式提醒我们，每个人都属于一个庞大的群体。"圣雄"甘地也曾经说过，全人类属于不可分割的同一家庭。还有众多自然科学家的"宇宙先定和谐"等观点。他们呼吁人类要跨越种族、信仰、语言、文化和习俗的偏见，赋予全人类相同的普世标准和道德价值。新加坡国立大学李先耀公共政策学院院长马凯硕说："我们在这个变得越来越小的星球上，拥有共同的未来，一个没有墙的世界是唯一可持续的世界。"② 从古到今，中国流传着"隔着墙是两家，拆了墙就是一家"的俗语，世界上只有拆除国界的"墙"，才是一个没有疆界、没有纷争、没有隔阂的天下一家亲、四海皆兄弟，人类才能可持续生存。这也是古代先贤先哲和现代社会精英们对"世界大同"表现出极大兴趣的原因所在。

---

① [新加坡]马凯硕:《大融合：东方、西方，与世界的逻辑》，韦民等译，海口：海南出版社，2013 年版，第 1 页。

② 同上，第 13 页。

一、"全球一体化"发展是全球化时代的呼唤

从18世纪英国蒸汽机的发明开始的技术革命，使工业化生产方式打破了农业经济时代的狭隘性、封闭性，开始了机械化、全球化、现代化发展进程，它标志着世界以"锄头"为象征的农业文明转变为"流水线"为象征的工业文明，这个转变也成为经济全球化的逻辑起点。在这之后，先进的生产力及其新技术革命形成的信息革命和知识社会，把生产的社会化提升到了一个空前的高度和水平，引起了全球一体化发展的大变革，全球化已经成为不可阻挡的历史潮流。

19世纪以来，全球化开辟了全球经济贸易、政治往来、文化宗教交流和人类交往迅速扩展的新时代，使世界面貌发生了深刻的变化，最显著的特点就是在世界大统一、大融合发展的过程中原有的国家观念、民族意识的认同受到极大的冲击，国家的中心地位改变，全球一体化发展进程加速。

交通运输网络、现代通讯信息网络的超越民族国家界限、超越区域界限，进行无国界流动，有力地促进了世界的大统一、大融合发展。1840年马车和帆船的速度是每小时16公里，1930年汽船和火车的速度是每小时56—104公里，1950年螺旋桨式飞机的速度是每小时480—640公里，1960年喷气式飞机的速度是每小时800—1120公里。[①] 现代通讯信息网络技术飞速发展，全球信息产业产值超万亿元，大大改变了传统产业的生产

① ［英］罗宾·科恩，保罗·肯尼迪：《全球社会学》，文军等译，北京：社会科学文献出版社，2001年版，第6页。

方式和经营方式。现代立体交通运输网络把传统的地理界限和时空界限统统打破了，陆路、水路、海运、航空运输使民族国家和地区的分界线概念日益模糊，把整个世界联系在一起，国家间的经济、政治、科技、文化相互联系、相互依赖，所有国家、区域联盟的经济活动、生产经营成为世界性的、全人类的，人们的生活方式、消费方式都已经国际化了，人类社会如同进化论中的"场"，把世界各国、团体、个人都联系起来，实现了全球人流、物流、信息流和人才流的通畅无阻的流动，缩小了各国、各地区之间的时空距离，促进了全球体系的形成。因此，有的学者解释全球化是"超越时空距离的世界"。正如世界上第一个提出"地球村"概念的马歇尔·麦克卢汉在1960年出版的《传播学探索》一书中说的："好像生活在'地球村'中。"

世界经济贸易依存度大大提高，把各国都纳入到商品交换的大世界，加速了相互交往与合作的步伐。在业已形成的世界统一大市场中，全球任何单一行为体都不可能孤立发展，任何国家和地区的经济发展也都离不开国际贸易活动，世界每个年度约有20%的产品进入世界流通领域，国家间、地区间依赖度越来越高。1950年世界贸易额610亿美元，到1998年达54148亿美元，实现了高速发展。[①]跨国公司是经济全球化的标志和载体，数量达到5.4万家，分布在外国的机构45万家，销售额达9.5万亿美元，总产量和贸易量占世界1/3，成为全球各国相互

① 周海成：《大趋势》，北京：中国文联出版社，2007年版，第102—103页。

联系、相互依赖和走向融合的纽带和桥梁。[①]

不同文化的相互交流促进了文化的融合发展。从20世纪信息革命以来，不同文明之间相互渗透、相互借鉴、相互学习交流，加之跨国公司多元文化的融合新形式——“杂交文化”的形成和传播，加速了新的全球文化、世界文明的形成。西方文化与东方文化相互渗透、相互借鉴，成为“世界文化”形成的基础，呈现出在融合中冲突、在冲突中融合的新局面。

国际旅游业催生了一个单一社会——全球社会的形成。由于国与国往来增多和国际旅游业的发展，形成了一个全球大时代。国际旅游业使民族国家的边界线变得模糊，游客出国度假空前增多。每个旅游者进入不同国度、不同文明的地区，如同进入多元文化融合发展的世界。中国的国际旅游活动按每个年度计算，1950年基本为零，1990年为300万人，1996年为400万人，2000年为500万人。[②]

英语无国界使用，促进了一个“全球公民社会”的形成和发展。英语作为一种国际语言的使用，促进了人类的交往的扩展。随着世界经济全球化的深入，对英语作为一种世界性语言的依赖性也在不断增长。1990年，世界上英语占绝对优势的国家有75个，说英语的总人数超过5.2亿，其中英语作为第一语

---

① 周海成：《全球化是解决人类生存和发展问题的根本途径》，http://unn.people.com.cn/GB/14776/21672/4970146.html, 2008-10-28.

② ［英］罗宾·科恩，保罗·肯尼迪：《全球社会学》，文军等译，北京：社会科学文献出版社，2001年版，第548页。

言的人数约 3.7 亿，作为第二语言的人数约 1.4 亿。[①] 同时，还出现了全人类共用的人造新语种"世界语"，从而见证了一个"全球社会"的普遍认同。

经济全球化带来政治全球化，形成了维护世界"和平发展"的时代主题，催生了"全球治理"协同新机制。政治全球化使国家和非国家组织的权力向国际机制集中，开始了全球多边治理的新时代，特别是现在"全球公民社会"正在扩展壮大，推动了军人政治、"专制政治"、"人权政治"日益向民主政治方向发展。新世纪以来，政治交往空前扩大，不同社会制度之间、不同意识形态之间、社会内部与外部之间的界限已经分辨不清了，"合作、妥协、协调"代替了大国间的对抗。国与国之间的政治、经济、文化、外交等各种往来加深，合作共赢成为时代的主旋律。进入新世纪，外交代表团总数形成一个倍数的快速增长，标志着国家边界正在"消失"，世界一体化发展正在加速，人类大融合不断有新进展。正如社会学家奥尔布劳(Albrow)所说，全球化主要是指"所有那些世界各民族融合成一个单一社会、全球社会的变化过程"。[②] 就是说，世界体制正在由民族国家单一主体向多主体的体制、全球体系转变，并建立起由国家的和超国家的多种有机体构成的新的权力运行机制。

---

① 叶自成：《中国和平发展的国际环境分析》，经济科学出版社，2009 年版，第 486 页。

② [英] 罗宾・科恩，保罗・肯尼迪：《全球社会学》，文军等译，北京：社会科学文献出版社，2001 年版，第 6 页。

二、世界主义、人类主义和普世主义精神将替代民族主义、国家主义

当今民族国家，是得到国际承认的政治共同体组织机构，是最基本的国家形态，是世界体系的基本单元，也是国际关系的基本主体。这就说明，自古以来无法解决的历史难题——民族国家的“自助性”现在已经开始破解。这个问题的解决，靠的是国际组织的作用和国际法的威力。现在，无论国家大小、强弱、贫富，在国际社会的生存和发展都能依法得到保护，这有效地抑制了民族主义的负面因素。

民族一词源于拉丁文“出生”的意思。民族主义最早出现于1774年赫尔德作品中，民族主义具有光明和阴暗的两面性。美国加利福尼亚大学社会学教授迈克尔·赫克特在《遏制民族主义》一书中详细地论述了有效抑制民族主义形成和遏制极端行为的世界社会制度。作为民族与国家结合为多民族的政治结合体——民族国家存在与生俱来的偏执弱点，这就是在民族观、国家观、文化观和价值观相互之间的排他性、分离性、地方性和狭隘性等内在消极因素与全球化趋势相悖。所以，在和平发展、融合发展的主题框架下，遏制民族主义是融合与发展的有效举措。世界性、区域性政府间国际组织的兴起、功能的扩大和作用的增强表明，民族主义的功能将被大大削弱。目前的国际实践表明，削弱民族主义将体现在全球范围内的政治、经济、文化移民和超民族认同等现象之中、体现在地区性联合之中和世界一体化发展之中。世界大统一、大融合将加速发展，民族

主义将衰落。在未来，全球一体化发展，国家间相互依存不断加强，人类主义、世界主义、普世主义精神逐渐浓厚，民族主义、国家主义、极右思想、本土主义逐渐走向衰落，极端民族主义将被彻底根除。2010 年《人类安全报告》指出：“从长期来看国际和国内战争的威胁正在逐步降低。在 20 世纪 50 年代每年平均有大约 6 场国际武装冲突（包括反殖民战争）。到了 21 世纪，每年平均爆发的国际冲突还不到一场。”世界大国之间已经超过 60 年的时间未发生任何重大军事冲突，是几个世纪以来维持得最长久的和平时期。”[①] 在联合国成立后 70 多年中总体上保持了天下太平，不能不说这是联合国奉行抑制民族主义和致力于“非殖民化”等规制的威力。“几千年来，作为一个整体，人类由于地理、历史、宗教、文化、口头语言和肢体语言而分裂。今天，即便存在这些显著的差异，我们正趋向于建立一套面向未来的社会性规范。这种全球融合的确非常重要。简单地说，这种‘群体共识’为主的大融合，并在共同规范中建立一个更和平、更繁荣的包容世界。日益盛行的共同规范是无法逆转的。”[②] 这是因为，从社会的、系统的、发展的视角看，历史的人和现实的人、个体的人和国家的人都反映着人类基因的相似性，并决定了构成人性的普遍特征。人性是决定价值的核心变量。就是说，从人的生物属性的“群体”到社会属性的

① ［新加坡］马凯硕：《大融合：东方、西方，与世界的逻辑》，韦民等译，海口：海南出版社，2013 年版，第 30 页。

② 同上，第 14—15 页。

“集体”的认同，是世界主义、人类主义的灵魂，用人性之魂驱散民族主义。

三、全球化、区域化是国家进化的必由之路

在全球经济一体化发展的大背景下，当今世界已经成为相互依赖的世界，以市场经济为纽带，加深了国家、民族、区域相互之间的依存度，开展全球合作成为国家、民族和区域经济决策不可或缺的环节。经济全球化带来世界一体化、融合化和共同化发展，已经成为国家发展的大方向。政治全球化对各个国家具有渗透性，对不同民族具有兼容并蓄性和广泛吸纳性，也大大推动了国际政治向世界政治转变，推动了国家间、民族间和文化间的开放、交流与合作。因此，民族国家要发展，就必须放弃封闭和孤立发展的观念，扩大国际联系，加强国际合作，开展国际交流，实现共同发展。这种全球性、区域性和洲际性大格局发展趋势，是不可逆转的。

全球化、区域化就是从原来的世界彼此分离、独立的国家林立格局融合为全球性或区域性的一个整体的过程。区域国家联盟是全球一体化的组成部分，为全球一体化打开了局面，奠定了基础，各个区域联合起来就是世界一体的实现。欧盟、北美共同市场、东盟、非盟等国家联盟发展是自古以来国家加盟而扩大发展的传统形式的更新和进化，这个形式改变了民族国家的内涵和边界的传统意义，促进了区域和加盟国家的经济社会发展速度，这种国家联合形式已经成为一种世界性大融合、

大统一的前奏。实质上，这是国家扩张发展规律的变化形式，是不以人的意志为转移的。之所以国家走联盟之路，因为全球化是一个充满矛盾和悖论的发展过程，既有机遇又有挑战。一些国家已经被全球化边缘化了，一些国家跟不上全球化时代步伐，已经成为世界发展的障碍，无法克服自身的封闭性、地方性和狭隘性，只有走全球化、区域化之路，才能克服它面临的诸多现实问题，才能解脱参与全球经济贸易、文化交流的束缚，才能既发展自己又有利于全球一体化发展，这也是国家进化的大趋势。

第二节 “国家”和“国界”将是世界经济、文化融合发展的障碍

纵观世界历史上国家形态的进化，国家和国家系统从产生的5400年以来就成为人类生存发展的主要形式。数千年的国家史，对于300万年的人类历史来说，只不过是短短的一瞬间。但是，在全球化时代，“国家”已经走到了十字路口，已经成为全球经济、政治、文化发展的障碍，未来如何发展是一个亟待破解的新课题。

在全球化时代，民族国家与全球化虽然目前不完全是二律背反，但民族国家存在着与生俱来的排他性、分离性和狭隘性，民族国家必然要受到全球化的冲击。只要有国家的存在，就必定存在人类的分散分裂、相互冲突的可能性，而全球化时代是

要由分裂走向统一、从冲突走向合作的时代，从相互孤立发展走向经济、文化融合发展的时代。所以，国家与全球化不可避免地发生矛盾。目前，全球化浪潮和通讯信息革命，使人类生产力发展和社会交往扩展已经达到了全球化阶段和全球化水平，必然要冲破“国家”和“国界”对经济贸易、科技发展和文化交流的“壁垒”，只有破解国家界限的障碍、消除国家界限对世界发展的制约，才能加速全球经济、政治、文化的融合发展进程。因为国家的“围城”和“弹子球”效应，戒备森严的疆界既封闭了他国也封闭了本国，成了跨国界生产经营、金融自由化、贸易自由化等的障碍，从多方面影响了本国和世界一体化的发展。于是，国家开始寻求大格局发展的出路，比如大部分国家愿意向世界性政府间国际组织让渡部分主权并加入联合国；一部分国家愿意向区域国家联盟机构让渡部分主权并加入区域共同体组织；有的国家自愿加入洲际经济联合组织、军事联盟等各种集团；有的发展中国家愿意向跨国公司让渡部分主权并把跨国公司请进来在本国领土上投资。这是为什么？原因就是民族国家进化已经走到了“三岔路口”，严重阻碍本国和国家间的发展，其症结就是国家组织、国家主权、国家疆界、国家某些方针政策已经是全球化条件下社会政治发展、经济贸易发展和民族文化交流桎梏，拆除国家和国界的“篱笆”就成了世界融合发展的要求，也是民族国家自身发展的诉求。“全球化带来的空前大融合正在使国家成为人类发展的桎梏。”“国家和国界是当今世界发展的障碍之一。”① 在这种情况下，全球化促使国家界线逐渐模糊不清，国家内涵和国家职能逐渐消减，这就为冲破国家“围城”、开展国际合作和改变“弹子球”式封闭的发展方式打开了缺口，并使之逐渐融入全球化。

近300年来的全球化浪潮，促进了世界一体化发展，产生了人类共同利益，也出现了全球性问题。为了解决全球性问题，实现全球经济可持续发展，已经成为关系人类永续生存的重大问题。全球性问题表现在多个方面：战争、恐怖、军备竞赛、人口膨胀、粮食短缺、资源缺乏、生态危机、环境污染、自然灾害、贫困与疾病、难民、网络安全和金融犯罪等诸多难以解决的问题。这些问题导致国际问题国内化、国内问题国际化，已经成为单一国家无力解决的问题。国家不但解决不了全球性问题，反而成为解决全球性问题的障碍。这是因为，只要世界上有国家存在，就有不同的利益存在，解决全球性问题就脱离不了国家自身的局限性，即使执行协议也会再三权衡国家利益和民族利益。比如，有的国家以保护本国利益为由在治理全球气候变暖问题上不配合，甚至搪塞推诿，使联合国的统一行动计划无法落实，国家指标的完成大打折扣，国家相互之间不能通力合作、步调一致，从而使国际联合行动落空。可以断言，在民族国家没有消亡之前，从根本上解决这些问题是不可能的。在目前情况下，解决全球性问题必须打破国界，必须以人类共同利益作为价值取向，倡导全球伦理和全球意识，转变

① 周海成：《大趋势》，北京：中国文联出版社，2007年版，第82页。

传统国家利益观，树立人类共同利益观，实行国际合作、协同治理。欧洲议员保罗向欧洲议会提交的一份报告指出，必须冲破国界障碍，全球协同、多边共治。同时，要有效解决这些问题，只能由联合国牵头，发挥联合国的主导作用，利用非政府间国际组织的推动作用，制定强有力的措施，集中力量尽快解决好最迫切的问题，比如防止气候继续恶化、核不扩散、地区冲突等。

为什么世界上会出现否定、取消和限制国家主权的思潮呢？原因是在全球化时代国家间扩展交往、扩大合作的要求愈来愈强烈，但国家疆界阻碍了发展。所以，西方许多学者著书立说，宣扬“国家主权过时论”“主权蚕食论”“国家终结论”等，主张取消国家主权。同时，公开宣布“国家消亡进入倒计时”“国家已经死了”等观点。有一位学者说，他的书架上有别人赠阅的四本名为《民族国家终结》的专著。从这些学术观点不难判断，随着全球时代的来临，民族国家严重阻碍了世界经济贸易的发展，制约了文化的交流。20 世纪末，一些西方人士认为，信息、通信技术的发展已经在技术上使国家主权边界消失，国家不再是世界舞台上的主角，民族国家的传统权力将被倒置，民族国家的角色将被新的更大的全球性组织形式替代，其原因就是一些国家认为环境、民主、人权、安全等领域是内部事务而不受国际社会管辖的旧观念会受到挑战。他们还认为，国家权力消减和国家界限消失只是表面现象，深层次的问题将是民族国家与全球化的矛盾，国家对全球化还将会产生这样或那样的阻碍。西班亚学者圭拉姆·德拉德赫萨说："经济全球化正在深刻地影响着我们对国家范畴的理解，包括国家的职能、政策、规模和数量等诸方面。而且这种影响在未来将会进一步强化，由此不可避免地会导致从根本上重新定义和解构国家这一概念。"① 我们认为，这就是万物相变原理的体现，国家概念并非铁律，不是固定不变的，民族国家从职能强化到主权硬化再到权力弱化，这是事物发展的一种趋势，随着时间的推移国家的界限和障碍是迟早要被打破的，是毋庸置疑的，这是全球化深入发展的必然结果。但是，在当今现实中，国家依然是国际交往的政治单元，也是国家和世界社会秩序的维护者，民族国家在相当长的时期具有不可替代的作用，讲消失还远远没到时机，现如今不能轻言国家和国界的消失。

第三节　以民族国家为主体的世界体制和秩序结构亟待改革

一、改革以民族国家为主体的世界体制和秩序结构是人类求安全、求和平、求稳定和求发展的必然要求

浩浩荡荡的全球化浪潮，已经成为经济、社会、政治、文化发展的核心动力。经济合作与发展组织（OECD）前首席经济学家奥斯特雷于1990年正式确认并定义了"全球化"。在这之后，

① [西班亚]圭拉姆·德拉德赫萨：《中国的全球化》，董凌云译，北京：北京大学出版社，2009年版，第65页。

各种全球化理论相继出现，形成了多种流派。例如，麦克卢汉的以信息技术为基础的“地球村”，哈贝马斯的“主权终结论”，亨廷顿的“文明、文化冲突论”，罗兰·罗伯森的“文明共存论”，赛约姆·布朗的“世界政体论”、肯尼斯·华尔兹的“全球化治理理论”等。他们的理论从不同角度、不同侧面、直接或间接论述了全球化与民族、国家和疆域之间的内在关系，这些理论的共同点就是：以民族国家为主体的世界体制和秩序结构不适应全球化发展和世界融合发展，制约了新的国际法的制定，制约了联合国的深度运作，制约了世界经济政治一体化发展进程，制约了诸多全球性问题的有效解决，等等。因而，改革和治理以民族国家为主体的世界体制和秩序结构具有迫切性和必要性。在改革和治理中，必须以联合国为主导，与全球多种政治行为体协同作战，有计划、有步骤地改变以主权国家为唯一政治单元行为体的国际体制和世界秩序。一是为使全球化健康发展，必须重新定义“国家”概念，树立新的主权观，彻底变革主权国家传统规则，建立清晰的世界、区域和国家之间的新型关系，制定全球多种政治行为体（包括国家）的工作职权范围、工作标准和法律法规。二是建立健全一整套完备的“世界制度”，解决世界无政府性导致的世界失衡和无序，重大政治利益和政治问题不再限于单一政体，需要多种政治行为主体共同参与决定。三是全球化使国家政治权威分散化，形成全球多层治理，以新的全球多边共治取代国家政府的垄断治理，并使国家进入规制和规范。四是在治理中打破“内外有别”观念，采取内外配合的方法，做到有的国外问题可以要求国内调整，有的国内事务可以要求国外协调。五是全球多种政治行为体都要集中精力解决世界性问题，重点是国际毒品交易、艾滋病、非再生资源的使用、原子能工业废料的处理、大规模杀伤武器的传播、全球变暖等急切问题。六是全球要改变单个国家为全球政治单元的国际关系，从国家间政治向世界政治转变。开辟一个新的全球性政治单元——世界体系，从根本上改变传统国家组织结构阻碍世界发展、阻碍人类交往扩展的弊端。因此，"改革国家政府"已经势在必行，改革的方向就是借鉴欧洲的政治共同化、双层社会政治组织模式和欧洲一体化秩序结构，克服世界无序失衡状态，从而创新世界权力运行方式，建构符合人类求安全、求和平、求稳定、求发展的价值理念的世界体制和秩序结构。

"重建国际体系是对我们这个时代政治家才能的终极挑战。""当代建立世界秩序需要一个在各地区内部确立秩序观一致的战略，并将不同地区的秩序相互联系起来。这些目标不一定完全相同，或能自我调和。"[①] 建立世界秩序要把全球性和区域性两个层面的工作结合起来。一是建立起一个全球体系和区域体系相统一的有效机制。从联合国成立后70年的历史看，世界秩序虽然有明显的历史进步，但由于联合国缺乏世界政府决策权和世界政府权威，所以，世界性体制依然存在着严重不足，使联合国在国际事务管理中名不正言不顺，很难有新突破、新

① [美]亨利·基辛格:《世界秩序》，胡利平等译，北京：中信出版社，2015年版，第487页。

建树，处理国际事务无法放开手脚。为此，还要发挥好区域国家联盟在建立世界秩序中的作用。二是建立起国家间重大问题磋商的有效机制。全球化使国家间合作增多，矛盾也相应增多，需要建立起一个就重大问题上磋商的有效机制，使各领域运行规范化、正规化和科学化。三是建立起一个以世界体系取代现存的以国家为主体的世界旧体制和旧秩序的有效机制。在全球化时代，国家的性质决定了它必然面临全球多种行为体运作带来的矛盾，受到外部对主权的侵蚀和弱化。因而，国家作为国际生活的基本正式单元的压力越来越大，国家已经在诸多方面力不从心，因而要重点打破现存的国际政治体系依然沿着世界旧秩序运行的现状，重建新的以联合国为中心的世界秩序。

目前，改变世界旧体制和旧秩序实际上已经拉开序幕，全球多种政治行为体正在从上到下、从下到上推进全球化进程，把开展全球多边治理和世界体制改革有机结合，正在改变着国家在世界上的角色，国家角色的变化也使国际制度的内涵和外延发生变化。一是经济全球化方面，经济的全球市场化和一体化，资本超越民族国家限制在全球流动，资源在全世界配置，促使形成全球统一大市场，国家间的利益交叉和渗透，国家间的共同利益增多，各国相互依赖关系加强，从而形成全球多个政治行为体的运作，使国家的一个中心转变为多个中心，加速了世界一体化发展进程。二是政治全球化方面，除了主权国家，还有多种政治行为主体打破国界，在全球安全、全球生态环境、跨国犯罪、基本人权等多层面多角度多边共同治理，解决与人类利益相关的全球性问题，共建人类命运共同体；三是科技全球化方面，正在以先进的通信技术冲破自然地理的壁垒，超越民族国家的限制，通过信息在全球流动传播推动世界一体化发展的进程，同时把科技作为未来文明的主轴；四是文化全球化方面，正在以多元文化和多元文明竞相发展为基础，大力推进不同文明的融合发展，并使多元多维文明和文化朝着兼容并蓄的"世界文化"、"全球文明"的目标发展；五是全球治理方面，正在改变国家垄断治理，形成多种行为主体共同参与的全球多边协同共治，推进建立和完善世界体制和有序运行的秩序结构。如今，各领域的改革和治理进展顺利，改变世界旧体制和旧秩序的形势喜人。

二、改革以民族国家为主体的世界体制和秩序结构是人类永续生存和发展需要

迅猛发展的全球化，为人类永续生存和发展开辟了无限广阔的前景，但民族国家必然的闭合性、地方性和民族主义，势必成为解决全球性问题的障碍，成为全球经贸发展、政治交往扩大和科技文化全球传播的严重制约。因此，重新定义"国家主权"概念，改革"民族国家"规则和国际规范，这是人类、世界可持续发展的重要命题，破解之道就是国家同全球多种政治行为体密切配合，开展全球多边协同共治，使以民族国家为主体的世界体制和秩序结构改革不断有新突破新进展，携手构建人类世界命运共同体。

（一）必须终结世界无政府状态

人类世界史就是一部战争史，这是对数千年世界史的总结。在过去的岁月里，人类主宰着世界，却自相残杀，自有史以来从未间断，血腥的战争和屠杀愈演愈烈，规模越来越大！对此，人类应该进行深刻反思。世界为何存在战争？原因就是世界处于群龙无首的无政府状态，世界缺乏中央政府的最高权威，导致一部人类社会发展史成了一部政治暴力史。政治暴力包括战争、内战、种族灭绝、种族驱赶、恐怖主义等，特别是民族国家间的军备竞赛水涨船高、你追我赶，核毁灭、核威胁、核恐怖依然在不断升级，而且同历史上的战争相比威胁更大。有学者认为，世界大战爆发的根源和世界无政府状态在于主权国家的民族主义和国家的极端概念，只有国家放弃绝对主权才能消弭战争。

时下，世界上许多政治精英和专家学者苦苦思索，探索出了终结战争的途径，这就是必须改革以民族国家为主体的世界体制和秩序结构。第一，求同存异、和而不同。世界各国要以人类和谐相处、和平共生大局为重，找到各方利益的相切点和共同点，相互理解，搁置争议，化解分歧，净化国际体系，和谐国际关系。美国普林斯顿大学教授阿龙·福里德伯格早在2005年就提出："在国际社会日益全球化的今天，国家更是在安全理念、非传统安全领域都有着广泛的利益追求。就全人类的文化发展而言，所有国家都可以找到利益的相切点，而认识到这些共同点不仅会有利于健康国际关系的发展，也会促进健康国际体系的形成。"[①]第二，树立世界最高权威。世界为什么出现恶性竞争，导致世界自有史以来一直处于无序失衡运行状态？历史和现实都昭示我们，一个重要原因是世界只有"躯体"而无"首脑"，缺乏顶层权威和中枢控制，致使人类处于群龙无首的状况。"关于世界政府的问题——我宁愿说关于世界的一个政治组织的问题——是关于持久和平的问题"他的意思是说人类今天面临着生死存亡的抉择：或者是持久和平，或者是全部毁灭的严重危险。[②]第三，消除战争威胁。世界各国都应当做出理性选择，积极维护世界持久和平，否则人类有可能进入比"史前"更恐怖的时代——毁灭人类的现代战争。"战争的唯一原因是无政府状态。无论什么地方，只要那里的人们或一些民族力图生活在一起而又各自不肯放弃他们的主权，就产生无政府状态。如果使战争成为不可能的时候来到，那将是各民族间的无政府状态已被消灭的时候，换句话说，那将是世界政府已被建立起来的时候。"[③]第四，终结无政府主义，建立世界政府，取代民族国家。法国天主教哲学家、教授雅克·马里旦"依据现代自然法学说，排斥和否定国家主权，主张世界主义。他把国家主权视为国际法的障碍，认为国家主权和国际社会的'无政

① [美]阿龙·福里德伯格：《健康国际关系的形成》，载《国际安全》，2005第2期，第7—45页。

② 裴南·德·维舍：《现代国家是对和平的威胁》，载《火炬杂志文摘（1940—1947年）》。

③ Mortimer J. Adler, *How to Think About War and Peace*, New York, Simon and Schuster. Inc, 1944, p. 69.

府主义’会阻碍人类社会实现持久的和平，因而要求人们放弃国家主权去实现所谓‘世界社会’”。[①] 第五，冲破民族国家的裂变性和割据性。现今的全球化已经为民族国家从裂变、割据转变为和平发展与融合发展提供了多方面的条件：一是各国相互联系和相互依赖加深；二是国际规范理论的发展和全球治理的深入；三是用有限主权或相对主权取代绝对主权理论已经在全球形成共识；四是有的国家已经在主权观念中注入“不违反国际法”的内容；四是国家行为已经在诸多方面受到国际社会限制；五是人权、人类安全和全球治理正在穿越国界进行规制。维护世界和平的有效手段就是彻底清除世界和平发展的两个最大障碍：一个是现代国家的绝对主权，一个是世界政治的无组织状态。废弃绝对主权现在已经初见成效，而破解世界政治无组织状态只能依赖建立起世界最高权威。

（二）必须推进以联合国为主导和多种行为体共同参与的全球多边共治

自 1750 年至今 260 多年的工业化进程中，人类的发展历史是无与伦比的，世界获得了前所未有的发展成就，但也衍生出了严重的全球性问题，这些问题超越国家和地区界限，成为影响整个人类生存和发展的“瓶颈”，这些问题超越了单一民族国家解决全球性问题的能力和管辖权范畴，而且旧的国家体制没有对解决这些问题提供有效的方法，反而在全球性问题的解决

① 金应忠、倪世雄：《国际关系理论比较研究》，北京：中国社会科学出版社，1992 年版，第 111—112 页。

方面作用缺失。全球性问题已经成为全世界公共问题和国际社会共同的问题，已经关系到全人类的命运。人类是一个命运共同体，一国的环境恶化会扩散到他国，酸雨与核能泄漏会造成跨国污染，特别是有的国家以“合法贸易”的幌子进行“公害输出”，有的国家的废料污染海洋并殃及他国，等等。可见，改革以民族国家为主体的世界体制和秩序结构具有紧迫性，必须通过制度层面来解决，进一步完善国际的游戏规则，建立健全国际制度，包括原则、规范、规则、程序及组织制度等制度要素，通过这些要素的合作与对话来协调国际关系。一是各国要树立全球意识和人类意识，从单纯国家利益中摆脱出来，以整个人类命运共同体和全球公共利益为重，采取合作行动和合作共治态度，纠正个别消极不作为现象，有效解决国家治理中的“短板”。二是要建立健全国际性条约和国际合作机制来约束各国的行为，同时要发挥民族国家在治理中的优势条件和主体作用。三是充分调动非国家行为体的作用，特别是发挥非政府国际组织和全球公民社会的作用，多方协同，集中解决好全球性难点热点问题。

（三）必须放弃“绝对国家主权”

欧洲秩序的模式可以为世界体制和秩序结构提供样板。欧盟曾是28个成员国组成的“国家联合体”，联合国是193个会员国组成的“国家联合体”，区域性的“联合国”和世界性的联合国，虽然一个大一个小，但具有相似的意义。欧盟推出了正式的政治结构“议会”、共同的法律“宪法”、共同的货币“欧元”。

实质上，欧盟已经基本具备了政府的性质、职能和框架。联合国应该加速发展步伐，以欧盟为范例，实现经济全球化与政治全球化同步，做到相互促进和协调发展，在政治方面加快向“联合国世界政府”过渡的进程。在未来世界，随着资源能源的大量消耗、人口的急剧增长，全球生态环境的逐渐恶化，各种矛盾将越来越凸显出来，只有建立世界政府、实现“世界大同”，才是人类永续生存和发展的根本途径。基辛格在《世界秩序》一书中说：“欧洲维持一个全球体系时，代表了世界秩序的主导概念。欧洲的政治家设计了国际架构并将其推广到世界各地。”[①] 欧盟就是建立世界政治体制和秩序结构的范例，朝着欧洲创制的方向发展，新的国际体制性框架和规范的治理方式必将诞生，一个有序运行的世界必将诞生。

各个民族国家都要以欧盟成员国为榜样，树立新的国家利益观，化解当代全球主义与国家主义的矛盾，承认国际社会存在共同利益，坚持在国际制度的框架中实现国家利益。走世界一体化之路，才是国家演化的大方向。从全球化发展趋势看，民族国家要借鉴“欧洲统一”方式、走世界联盟之路。这是因为，在全球化中受到冲击最大的就是国家主权，国家体系未来必将趋向淡化，国家和国界在传统上的作用和意义、传统国家的概念和含义必然要改变，这是国家进化规律的必然趋势，也是人类社会发展的一个进步。这就要求民族国家以民族利益为重，

① ［美］亨利·基辛格:《世界秩序》，胡利平等译，北京：中信出版社，2015年版，第243页。

顺应潮流，弘扬欧洲国家的“联合主权”和“主权共享”理念，“放弃绝对国家主权”，走具有里程碑意义的世界国家大联盟、世界政治共同化之路，为人类永续生存和发展作出我们这一代人应有的贡献。

三、改革以民族国家为主体的世界体制和秩序结构必须依靠全球法治

国际法产生已经有400年历史，但一直缺乏应有的权威性。改革世界体制和秩序结构的关键是建立全球法治。瑞典法学家松鲍法维说：“第一次世界大战后成立了国际联盟，但后来证明这是一次失败的尝试。第二次世界大战后成立了联合国，同样未能获得达成其任务需要的决策权或权威。”[①] 造成这种状况的原因就是我们仍然生活在基本上没有法治的世界。要改变世界面貌，就必须健全全球法律制度，真正把世界性法律和政策的完善作为衡量世界文明程度的标准。并采取积极有效措施，尽快使联合国获得更大的权力，取得“世界法人”资格，具备完成国际职能的决策权和最高权威，使联合国在国际事务中发挥更大作用，从而使世界发展从无序向有序转化。这一切的关键是建立和健全全球法治，关键的关键是联合国应具有控制各种权力和实施全球法治所必需的强制性权力和强制性全球行政管辖权等。国际法创立者格老秀斯引进自然法并把它置于国家法

① [瑞典]拉斯洛·松鲍法维：《人类风险与全球治理：我们时代面临的最大挑战可能的解决方案》，周亚敏译，北京：中央编译出版社，2012年版，第96页。

之上，这就说明了国际法的重要性。为什么世界史是一部战争史？根本原因就是世界缺乏法治、缺乏仲裁，必须应用法律维持世界和平。在全球治理过程中，必须有效限制和约束国家的对外权力：一方面是用道德和法律对国家权力的限制约束；另一方面是运用国际法对国家权力的限制约束。同时，国家法必须与国际法保持高度一致或者要有不违反国际法的条款，各国都要为建立全球法治秩序作出贡献。“一个新的、全球性法治秩序是可行的。建立全球法治秩序有其必要性和优势所在。很显然，创造一个全球性的法治制度符合所有国家的利益。”[①]可见，建立和健全全球法治，是改革以民族国家为主体的世界体制和秩序结构的重中之重。

---

① [英]沃纳姆编：《新编剑桥世界近代史：反宗教改革运动和价格革命，1559—1610》，北京：中国社会科学出版社，1999年版，第223页。

第五章　全球化五大作用力正在改变民族国家的内涵和外延

当代世界是全球化的世界，21世纪是全球化的世纪。全球化浪潮的五大作用力，即经济全球化的经济力、政治全球化的政治力、文化全球化的文化力、科技全球化的科技力和全球治理的治理力。这五大作用力正在以强大的冲击性和穿透性改变着社会政治结构的核心——国家的内涵和外延，它的现实后果：正在消解着国家的经济主权、政治主权和文化主权。促使原有的国家绝对主权向相对主权转变。它的最终后果：当今世界的四次全球化浪潮已经促使民族国家中心地位发生变迁，那么，再经过数次全球化浪潮，民族国家就会完全消失，人类社会就会朝着理想社会——"大同世界"的方向发展。

第一节　经济全球化对国家经济主权的大削弱

一、经济全球化向传统国家的民族性、国家性和地方性提出挑战

经济全球化是人们对全球化问题关注的起始点和聚焦点，

是全球化进程的主线和最基本动因。所谓经济全球化，是指物质生产的世界性，构成国家间、区域间经济的相互依赖性和世界层面上的相互链条关系，它是生产力发展超过一国容纳力的产物，是市场经济内在驱动的结果，表现为商品、资本、贸易和技术的全球多层面流动和大范围传播。现今，世界市场超越国家界限而运作的全球经济一体化发展，就是要把过去分散的、封闭的世界变成相互依赖的世界，必然要转变国家的民族性、地方性和狭隘性，向全球化、区域化方向发展。原因是民族国家像一个围城，其主权的独立性、疆界的封闭性、民族的偏执性不能适应经济全球化的要求。工业革命后近300年以来，社会生产力的发展促使国际政治向全球政治转变，与国家的矛盾日益突出，国家面临来自内部和外部的巨大挑战。在理论上，传统的主权观念、主权理论受到质疑和面临社会性的重构；在实践上，经济全球化大大削弱了国家的经济自主权，使国家受到国际分工的制约和全球大市场环境的限制。经济全球化形成了全球市场体系，民族国家难以单独驾驭世界大市场，大市场调节和大市场管理只能让位于超国家组织，特别是单个民族国家在全球金融市场规则、全球劳动分工和跨国公司的全球投资战略的大背景下，都不能单方决定诸多问题，包括税率等，目标也就很难实现。一方面，贸易自由化和国际贸易快速发展，已经成为国际经济关系中最为活跃的组成部分。据统计，1990年世界商品贸易额为34470亿美元，比全球化开始的1970年增长10.9倍，1994年突破40000亿美元，1996年为53982亿美元，

1998年为54148亿美元。另一方面，国际投资和金融全球化快速发展，必然打破国家界限、冲击国家封闭壁垒。有资料显示，1994—1995年国际直接投资（FDI）增加到31500亿美元，1996年32000亿美元。1999年全球国外直接投资流入总存量48530亿美元。[①] 由此可见，在全球化时代，把过去相互分割的世界变成了谁也离不开谁的世界，任何国家都不可能“关起门来”发展。

二、经济全球化对民族国家经济主权的冲击

市场经济体制为经济全球化奠定了制度性基础，成为不同制度、不同层次国家的共同体制，把各国经济融入统一的世界大市场，形成世界整体化、经济一体化格局。经济全球化的正面效应是不言而喻的，但由于世界范围内市场经济规律的作用，也对民族国家的传统主权造成了极大的冲击。一是经济全球化使生产、投资、金融、贸易在全球范围内自由流动，生产要素的全球优化配置与重新组合是国家间、区域间经济一体化整合的过程，使世界形成相互依存、相互依赖的统一大市场，从而使国家独立自主发展的空间缩小，国家不得不按照国际规制对主权进行限制，导致传统的国家主权原则受到挑战。二是随着科学技术的高度发展，大量信息技术全球流动，货币无国界流通，资源无疆土界限配置，冲破了囿于各自国家“界限”内的“弹子球”运行模式，摆脱了国家疆域“篱笆”的内外束缚，更

① 周海成：《大趋势》，北京：中国文联出版社，2007年版。

多经济活动在全球框架内运行，各国经济活动从国际分工发展到水平分工，都成为世界市场的一部分，国家经济活动不可避免地要受到国际大气候的约束和影响。三是经济全球化使各国在经济合作、信息流动、技术和人员交流过程中不可避免地触及他国内部事务，从而对他国主权形成限制，也使本国的部分经济权利变成国际社会的共同权利。一方面，区域性和全球性的经济规则制约了国家在经济发展中的自主权。例如，在世界贸易组织的规则中，成品方不得随意制定关税政策，非关税措施也要遵守国际相关规定等，这样就制约了国家政策的有效实施和保护。另一方面，各国之间的依赖加强，国内经济发展离不开国外、离不开国际合作，这就导致了国家经济主权受到削弱。可见，经济全球化是一柄双刃剑，具有正负两种效应，它的正面效应是不言而喻的，负作用如带来的“全球性问题”和各种危机。一国的经济危机就会像多米诺骨牌波及他国，乃至影响整个世界。

三、经济全球化使民族国家界限模糊不清

市场经济就是名副其实的全球经济，是世界经济发展不可逾越的阶段，也是经济全球化的最重要标志。它是世界生产力发展和人类交往扩大的必然结果，具有进步性和历史必然性。经济全球化就是经济的国际化、世界化和一体化，同时表现为区域共同体的经济一体化、融合化。

经济全球化是世界一体化的核心动力。经济全球化使美国、

英国为代表的一些发达国家已经迈进信息社会，推动了部分发展中国家的崛起，改变了部分最不发达国家的面貌。经济全球化使跨国公司成为国际经济的活跃主体，成为世界经济发展的引擎。经济全球化使区域经济联盟的作用壮大，成为国家和区域经济社会发展的范式。经济全球化促使世界从贸易一体化进入了生产一体化、市场一体化、金融一体化，催生了超越国家界限的统一大市场，促进了资源和要素在全球的优化组合，带动了国家和区域快速发展和繁荣。经济全球化促使民族国家走上共同化、区域化、全球化的道路。这样一来，经济全球化包括生产全球化、贸易全球化、金融全球化，跨越民族国家疆界的全球经济活动必然导致传统国家的疆界模糊不清。一个以要素自由流动为基础的经济全球化趋势是不可逆转的，它的目标就是世界一体化发展。一方面，以全球资源配置为基础，以生产全球化为核心，以贸易全球化为主渠道，以建立新的全球经济新秩序为保证，创造全球经济共同利益和实现世界一体化发展的目标。因此，世界经济一体化就是一种经济"共同体状态"或者说是经济"联盟状态"的过程，把各个成员合并为一个整体，必然导致国家主权削减和国家界限模糊。另一方面，经济全球化以知识经济为主导，以信息技术为核心，形成以高新技术为主体的新的社会生产力，必然以强大的动力推动世界经济以前所未有的速度跨越国家界限、区域界限大规模发展。

四、经济全球化的主要存在形式和载体的跨国公司的经济活动分割了部分国家经济主权

“民族国家有效权力持续衰落的主要原因之一是跨国公司权力的上升，经济力量和经济主动权转移至许多国家管辖范围内同时运作（同时也对其立足的国家的国内政策产生越来越大的影响）的跨国公司，这明显削减了民族国家的作用。用哈佛大学教授约瑟夫·奈的话来说，‘分散政府的权力是本世纪政治大转移之一’。”[①] 作为经济全球化的主要形式和载体的跨国公司，执行全球生产经营战略，在经济领域处于核心地位，生产和资本在全球范围内无限制自由流动，必然部分分割东道国的经济自主权，挑战本国和东道国经济自主权、经济职能、经济利益，垄断东道国一些产品和市场，制约东道国的生产、销售、内外贸易、产业结构调整和国家经济政策的制定，也在客观上减弱国家管理经济的功能。但是，许多发展中国家和最不发达国家为了不被全球化浪潮边缘化，不得不将部分经济决策权、关税权、货币政策制定等转移到国际组织，依赖跨国组织和跨国公司实现国家目标，与世界经济接轨，与世界大市场融合。

民族国家主权不但具有政治上的意义，而且具有经济上的意义。如果一个民族国家丧失了经济命脉大权，也就不会享有政治上的独立自主权。因此，主权对于任何国家都是生命攸关的大事。在全球化时代，掌控着巨大资金的跨国公司对国际体

---

① ［美］阿尔·戈尔：《未来——改变全球的六大驱动力》，冯洁音、李鸣燕、毛云译，上海：上海译文出版社，2013 年版，第 156 页。

系造成越来越大的影响，它们拥有自己的准外交使团、情报机构，有人说跨国公司是"国中之国"。"作为经济全球化的存在形式是各种国际性的经济组织，如世界贸易组织（WTO）、国际货币基金组织、世界银行等，扮演着接近于"国家机器"的角色和职能，弱化了对国家利益的认同。但最为突出的是各种形式的跨国公司，它的力量之大、影响之广，令人瞠目。跨国公司拥有雄厚的资本，控制先进的生产技术和具有庞大的生产规模和管理组织体制，在世界市场上占据重要的地位，对传统的国家权威、国家认同以及民族认同带来巨大的冲击。跨国公司的快速发展和生产一体化，在世界经济中的作用也越来越重要。"①全球跨国公司1997年生产总值为8亿美元，占世界GDP的1/4，约5万亿美元；技术转让占世界80%，内贸占世贸总额1/5；1997年母子公司分别达到5.3万家和45万家，员工达7300万人。2000年，世界最大的100家跨国公司拥有的资产为3.4万亿美元。②《2016世界投资报告》指出，2015年全球外国直接投资（FDI）流动达1.76万亿美元，同比上升38%。其中，跨国并购交易金额达7210亿美元，绿地投资宣布金额达7660亿美元。但是联合国贸易和发展组织预测2016年全球

① 林娅主编：《全球化与社会发展理论研究》，北京：北京大学出版社，2006年版，第21页。

② 桑维军主编：《当代经济与政治》，兰州：甘肃人民出版社，2006年版，第32页。

FDI 流动将收缩 10%—15%，说明全球经济具有脆弱性。[①] 跨国公司是全球经济发展的引擎，它把原来分散的生产体系提高到全球性的一体化生产和分销体系的层次，把国际化经营程度推向一体化高级阶段。如石油开发行业中的 BP 公司、汽车行业中的福特公司等。波音 747 飞机的 45 万个零部件由 6 个国家的 1100 家大企业和 15000 个小厂家联合生产。这种一体化生产现象是人类文明的重大飞跃。正如欧洲人说的，挪威人发明、芬兰人设计、瑞典人制造、丹麦人销售，这种方式将是经济全球化的一个发展方向。经济全球化使市场的力量日益凌驾于国家和社会之上，全球资本压倒国家主权，国家不得不向资本让步，丧失利率控制、税收等方面的权力，导致国家的宏观调控和社会职能弱化。跨国公司的资金、技术、劳务等各种生产要素在全球范围内自由流动和配置，对国家制定经济政策的主权和政治稳定都提出挑战，特别是资本的全球流动和公司在全球活动是对主权国家的政治、经济、文化和社会生活造成渗透和影响。个别跨国公司还凭借强大实力，高度垄断并进行渗透，对东道国和本国都造成一定影响，导致国家经济利益和民族价值观的碰撞，造成国家在一定程度上的混乱。据媒体报道，某跨国公司因商业贿赂被罚 16 亿美元，他们痛定思痛，完善了商业行为准则，建立了全球合规管理体系，树立起了合作共赢理念。

① http://www.ccpit.org/Contents/Channel-4114/2016/0701/665986/content_665986.htm.

五、经济全球化的结果是实现全球理想社会

经济全球化以哥伦布、麦哲伦、达·伽马等人发现新大陆为起点，揭开了全球化的序幕。这是人们的视野向全球扩展、思维向全球延伸的开端。从地理大发现为标志至今的500年的历史，从早期的商品贸易和资本输出，拓展了世界市场，全面启动了现代化进程，加速了工业化新生产方式挺进世界的步伐。18世纪60年代的第一次工业革命后，形成了统一的世界市场。19世纪下半叶的第二次工业革命，把世界各国和地区变成紧密联系的"地球村"。从20世纪80年代开始，在新技术革命的推动下，各国进行产业结构的调整，在新的国际分工的基础上增强了经济联系，使经济全球化成为一种客观存在的、不可逆转的世界性潮流，极大地推动了世界经济的发展。20世纪90年代初，全球化已经成为当今世界最重要的时代特征，全球化理论也随之发展起来。可见，全球化是不可逆转的，阻止全球化发展就如同阻止地球转动。第一，经济全球化开辟了人类走向世界大市场、人类大融合的广阔前景。从整个人类生存和发展的意义上看，经济全球化利大于弊，科学技术的飞速发展和全球广泛传播，世界市场把世界各国和各地区紧密地连接成一个整体，大大促进了人类交往的扩大，极大地改变了人的思维方式，把狭隘的民族意识转变为全球意识。第二，经济全球化带来了政治全球化、文化全球化和全球治理，也导致了分散政府权力的政治大转移和弱化国家及民族的狭隘性。第三，经济全球化开启了全球性大生产的新型革命，将催化一个全球理想社

会的产生。经济全球化是社会、政治、军事和文化等诸多领域变革的源头和基础。因此，经济全球化的结果就是全球化的结果。经济全球化在现阶段所达到的状态，就是它的全球化的现实结果：通过世界一体化整合运动，实现“世界联盟”状态，建立起一整套公正合理的全球经济新体制和新秩序；经济全球化最终所达到的状态就是全球化的最终结果：通过多次全球化，必将实现全球公平正义、合作共赢、融合发展的全球理想社会。

第二节　政治全球化促使国家政治中心的大转移

一、政治全球化使民族国家对内对外职能都趋向世界化

所谓政治全球化，是指在更高层次上反映着“全球政治”的生成，是超越国家和区域的、在世界大范围、全球性多层面运行的政治。就是说，政治全球化就是以国家为中心的国际政治结构逐步向世界政治或者说全球政治的转变，这就把全球共同体的观念和世界政治机制新质凸显出来了。政治全球化使民族国家管辖的人口、领土和国家机器运转正在走向国际化、世界化。政治权力、政治活动和政治决策跨越民族国家界限是政治全球化的标志。现今，政治全球化正在形成“全球社会”，民族国家则是组成“全球社会”的一个“细胞”。虽然民族国家现在仍然起着主导作用，但面对超越民族国家的环境、反恐、防病等全球社会问题，不是单一国家或几个新兴国际组织所能解决的，只能依靠全球社会和全球治理才能解决，这就导致政治

全球化。

经济全球化必然反映到上层建筑上来，促使全球政治的发展，形成政治全球化，导致国家间政治变迁和全球政治的出现。突出表现在两个方面：一方面，非国家行为体作用的增强，超国家权力的强化，形成国际行为主体的多元化，由此造成国家的国门大开，国际机制介入国内政治，造成国内政治与国际政治之间界限的模糊性。另一方面，全球性问题日益严峻的现实将世界各国的命运紧紧地联系在一起，而国家在解决这些全球性问题方面的作用缺失，由此带来全球范围内国家中心地位的变迁和国家权威的式微。第一，国家界限不再泾渭分明，变得模糊不清。这是由于各国政治交往量的扩张，是经济交往扩大的伴生物，经济全球化的深入和互联网的发展，改变了人们的经济生活、政治生活和交往方式，通信网络已经成为人们关系的纽带，网络活动是无国界的，网民在一定程度上成为世界公民，因而国家与国家的界限、内部事务与外部事务的界限由清晰变得模糊。第二，国家的部分职能被国际组织所取代，导致国家管理职能和决策能力的减弱。随着世界性和区域性国际组织的增多及其作用的增强，国际组织对世界政治产生了巨大的影响，为国家实现许多目标提供了各种手段，在政治、安全等领域发挥了更大的作用，国家的政治领域和安全领域等部分职能也已经转移到了国际组织，包括世界性、区域性政府间国际组织。第三，政治全球化要求国家认同超国家权力、国际法、国际公约和国际协议等公认的国际制度，接受和遵循国际行为准则，尊重人权准则和人类安全等一系列的国际制约，国家主权和地位必然受到影响。在全球化环境下的今天，各国为了参与国际竞争，还必须遵守国际惯例和世界贸易组织规则。比如体现国家主权的主要标志之一的关税税率，将按照国际规定逐步削减关税税率，不能以自己国家的意志说了算。第四，当今国际关系中，经济问题政治化和政治问题经济化交织在一起，也出现了经济冲突解决手段的政治化，政治问题解决手段的经济化，经济问题采取政治和外交手段解决，政治问题采取经济制裁手段来解决，等等，这就倒逼国家改变囿于小圈子发展的状态而融入全球化。第五，政治全球化分散了政府的权力，改变了政府中心地位的角色，形成前所未有的政治大转移，如国家权力向全球多种政治行为体转移等，从而在国际体系形成了多种行为主体的政治参与机制。

二、世界政治发展促进了世界社会的文明进步

世界政治发展是世界社会文明的标尺之一。纵观世界历史，人类的价值理念实现了一次又一次的大飞跃，使世界宏观价值日益进步，国际体系日益走向规范。这个飞跃的实现关键是有了强大的超国家政治组织的作用力，如果没有世界性社会政治结构的中心即联合国“政治体”的支撑，“世界社会”和“世界政治”就很难出现。“从维也纳体系、国际联盟再到联合国，绝不仅仅只是大国权力和世界治理方式的变化，其意义在于价值体系的不断向前递进。价值体系的转变体现在国际规范内容的

变化，从法国大革命使得'民族国家合法化'、1889年第一次海牙会议提出的'用和平的手段解决国际争端'、1907年将'实施人道主义'写入'海牙法规'以及1928年的'非战公约'、到1919年国际联盟大会上的'民族自决权'、再到二战后联合国将'主权国家平等'、'政治、经济、社会发展权'写入宪章以及冷战后有关世界经济、金融、人权和环保（地球宣言和千禧年宣言）。人类的价值理念实现了一次次飞跃，这种价值转换的事实对人类的未来应该具有启发意义。或许一种国际体系的建立过程并非是在短时间内完成的，它往往需要一个历史过程。"① 可见，世界宏观价值体系的转换，人类的价值理念的飞跃，对人类社会文明进步具有划时代意义，它说明了人类社会的历史是从野蛮到文明、从战争到和平、从专制到民主的不断演化的过程，是朝着高层次文明社会发展的。类似这样的转换和飞跃，在未来无数次的全球化浪潮中还将进行数次的飞跃，将促使全球政治生成发展、世界社会文明不断提升。

三、国家中心地位的变迁和唯一权威角色的转换是政治全球化的结果

世界性、区域性政府间国际组织的运作，跨国公司、全球公民社会等非政府间国际组织和非国家行为体等越来越多地参与各种国际活动，客观上使主权国家在当今世界的影响力有所

① 刘鸣:《国际体系——历史演进与理论的解读》，北京：中共中央党校出版社，2006年版，第175页。

下降，也影响了国家能力的发挥。于是，西方有些学者对国家主权是否已经弱化、过时或终结展开了多年讨论，认为在主权理论上和主权实践上都面临着各种各样的挑战。前所未有的全球化进程和具有划时代意义的欧洲和其他区域一体化发展，进一步促使人们反思民族国家概念和主权观，强调以人权和“保护的责任”重新界定主权概念。随着冷战的结束和经济全球化的迅猛发展，传统的国家主权受到了越来越多的质疑，他们认为由于信息技术的飞速发展和非国家行为体的大量涌现，以传统主权为主要内容的国家权力正在多个层面上受到侵蚀和削弱，国家权力在 21 世纪将沿着国内和国际两个方向向外分散或散失。在国内方向上，主权国家内部的全国性公司、地方企业以及次国家级的地方政府、社会组织和市民社会，都将越来越多地分享国家权力；在国际方向上，超国家级的跨国公司（如 IBM）、政府间国际组织（如联合国、世界贸易组织、联合国粮农组织）和非政府间国际组织（如绿色和平组织、国际劳工组织）对主权干预越来越多，并要求各国政府越来越多地让渡国家主权，其活动超越了国家的概念，促使从顶层制度设计上进行国际体系整合与重建，更新主权形式。世界上一些学者对国家生存与发展存在各式各样的观点，他们认为对于国家来说，20 世纪是向心力的世纪，21 世纪则是离心力的世纪；主权的观念已经过时，国家主权正在走向终结，以主权为主要特征的民族国家也在走向终结；依据是跨国企业和国际化大生产的发展将逐渐把主权和民族国家这两个近代以来维持文明社会秩序的两根主要支柱退出历史舞台；全球经济一体化使权力的天平由国家向世界市场倾斜和转移；出现了跨国企业在“进攻”、国家权力在“退却”的局面，全球化将成为主权的终结者。其实，在现实世界，还不能信口“主权过时了”“国家终结了”。主权国家体系目前仍然是国际关系的主导形式，信息革命、全球化和非国家行为体的兴起“并不预示着主权国家的终结”。但是，国际组织、跨国公司、非政府组织等非国家行为体越来越多地参与各种国际活动，客观上使主权国家的影响力下降，这的确也是事实。日本学者大前研一“则以‘市场经济主义’观念宣布‘民族国家的终结。’他认为，在四个‘I’（即工业、投资、信息和个人）的作用下，‘世界正在走向一个无边界的时代’。而在现今无边界的全球化经济寰宇之内，民族国家作为有意义的参与单位的作用已经不复存在”。[①] 政治全球化就是形成全球政治格局，是多种政治行为体参与的全球政治，是国际舞台上各种力量（包括主权国家、国家联盟集团及国际组织）之间相互联系、相互作用的一种新的结构状态。把作为唯一政治单元的主权国家变成了其中一个政治单元，国家也不再是解决全球化中出现的政治问题的唯一主体，而是由全球多种政治行为体共同参与解决。

---

① 潘忠歧：《国际政治学理论解析》，上海：上海人民出版社，2015 年版，第 14—15 页。

四、联合国将成为国际关系中“一个不变的核心”

经济全球化的存在形式主要是国际企业——跨国公司，而政治全球化的存在形式主要是世界性的政府间国际组织——联合国。联合国是一个世界性的政治组织，它给会员国提供一个无论国家大小、强弱、贫富都具有平等权利表达自己意志的场所，对霸权主义、强权政治和国家特权是一个制约。政治全球化存在形式还有各种各样的国际组织，包括各种军事同盟、政治同盟、国际集团和区域国家联盟等，政治全球化存在形式还有非政府间国际组织，他们是自发形成的民间组织，对政治全球化影响越来越大。相对地说，全球化对全球政治最大的改变，是改变了民族国家主权的核心地位，使国家权力多元化、分权化。而联合国在 70 年实践中权力不断增强，从边缘化逐渐走向国际关系的中心。在全球化中出现的多种政治行为体牵制着民族国家权力，导致国家权力的分散，从而分解了国家在传统权力体系中的核心地位，削弱了国家的主权机制。在这种情况下，绝大多数国家已经意识到，不以联合国为核心、不树立国际法的权威、不加强国际干预，国际秩序就不复存在，国家主权就无法确保独立自主，国家利益就不可能实现。同时，将国家主权与国际法相统一的“相对主权”的观念现在已经得到普遍接受。各国都认识到，没有国际法准则和超国家的国际组织，国际社会就会沦入弱肉强食的野蛮时代，民族国家的生存有可能朝不保夕。因此，联合国应当从边缘化移动到中心地位，为人类世界当家做主，使人们看到世界的政治前途。

经济全球化进程中诸多矛盾和冲突的凸显，单靠某个或少数几个国家是不可能解决的，这使国际协调机制的发展成为必需，于是引发了政治全球化，解决全球性政治问题必须依靠国际体制和政府间国际组织协调。"就政治层面而言，全球化趋势主要表现为国际政治交往的日益频繁和国际组织职能的强化。……必须加强国家间乃至全球范围内的合作。因此，国际体制和政府间国际组织的数量和重要性在后冷战时代显著增加，它们的作用也大大加强，特别是联合国也已从昔日的边缘化地位逐渐移向国际关系的中心地位，正在成为多变的国际局势中'一个不变的中心点'。"① 世界体系从多中心即无中心向一个中心转变，这个中心就是在70多年国际风云变化中形成的世界中心——联合国，这是全球化发展的必然结果。从联合国的过去和现在可以判断联合国的未来，世界未来发展离不开联合国，联合国必然成为未来世界的一个核心，这是全球推举的、70多年实践磨炼成长起来的中心，也是会员国的众望所归。

五、政治全球化的现实结果——政治大转移

政治全球化的现实结果，将是多种政治行为体参与的世界政治格局的形成，减弱政府权力，弱化民族间、国家间传统的偏执和狭隘，国家主权将呈现"绝对主权——相对主权——联合主权——主权消亡"的发展过程。当下，如果民族国家再坚持主权绝对性就会落伍于世界政治现实。正如专家学者普遍认

① 邵鹏：《全球治理：理论与实践》，长春：吉林出版集团，2010年版，第56页。

为的，21世纪是国家权力大分散、政治大转移的世纪。在21世纪的政治大转移中，世界政治由原来国家一个中心变为全球多种政治行为体的多个中心，这个复合性政治框架即世界政治体系。就是说，这个体系是由单一国家政治行为主体的格局转变为全球多种政治行为主体共同参与的世界政治格局。这种政治权力的转移，促使国家职能发生了变化，国家的中心地位和唯一的权威角色遭遇挑战，全球多种政治行为体的权力相应地增强，特别是联合国所属机构、区域国家联盟、跨国公司和次国家地方政府都将从国家掌控的权力中获得更多权力。

政治全球化的发展，不仅改变着国家的社会关系，而且改变着国家的政治关系。传统的主权国家对内享有最高权威性，对外具有最高独立性，而经济全球化中市场经济的本质要求高额利润，经济力量必然超越政治力量穿透国家界限的藩篱和弹子球式发展方式，从而削弱国家主权的神圣性。“经济全球化使国家主权的神圣性大打折扣。国际协调机制是经济全球化顺利进行的秩序保障，其权威性来自国家主权的部分让渡。而新的国际权力实体一经产生，便显示出对让渡者的异化倾向，即对国家主权的分割、减损及‘吞噬’。在经济全球化进程中，国家固有的‘独立权威机能’已逐渐演进为‘协调机能’，有些甚至被废除。国家对本国经济的管理不再享有绝对排他权，其政治的制定必须与国际环境相协调。”① 二战结束以来，现代科学技

① ［美］彼得·卡赞斯坦、罗伯特·基欧汉、斯蒂芬·克拉斯纳编：《世界政治理论的探索与争鸣》，秦亚青等译，上海：上海世纪出版集团，2005年版，第365页。

术的发展推动了政治全球化进程。国家、民族和国际组织被微电子、信息技术、光缆、卫星等超越国家边界的新形式和新兴媒介连接起来，使国家间政治外交活动成倍增长，特别是全球政治交往网络已经形成，也改变了政治组织的形态，现代科技的使用催生了新的政治体制和新的政治交流机制，推动了政治全球化的进程，实现了国内决策国际化。加之在全球性问题的解决过程中实现了全球协同，克服了政治制度、意识形态、价值观念、发展程度、历史传统等差异性，形成了人类新思维方式——以全球意识和观念来认识当今世界发展趋势。这种思维方式就是，承认国际社会存在利益的共同性、文化现象的共同性，要超越社会制度和意识形态的分歧、超越民族国家利益限制，树立全球的角度和视野来认识一切。

全球化浪潮，就是在经济全球化的带动下经济、政治和文化的世界一体化的整合运动，在整合过程中将导致对国家和民族的政治认同产生危机。对民族和国家认同是人类社会中产生的具有立国意义的政治归属。但是，在全球化进程中，国家制度、民族传统、民族文明和价值观念等受到巨大冲击，这是由于在全球化时代人们的社会心理发生了深刻变化，产生了新的“世界体系”认同。之所以出现“全球政治”这一新现象，一方面，是因为各国政治交往范围的扩大与交往的频繁；另一方面，是因为各国政治生活相关性和共同性空前加强。经济全球化中经济联系加深，必然带动国际政治交往的继续扩大，也必然带来国际政治生活的日益扩展。一是国内政治与国际政治的界限日益模糊，超国家权力日益强化。超国家组织立足于国际社会，运用国际机制，并以国际法、国际公约、国际协议等超国家权力，介入民族国家政治。这种超国家权力的日益硬化，就是政治全球化的整合运动，其坐标就是“世界政治”的生成和发展。二是政治生活和政治现象出现了国际化，与其相适应的是从国家政治转变为世界政治。这种政治生活和政治现象的共同性集中体现在全球性民主政治和全球性市场经济，即克服民族和国家的局限性，形成超越民族、超越国家的“全球政治”。正如卡赞斯坦所说：“我们必须清醒地认识到，主权从概念到内容都发生了实在的变化，国与国之间的关系，已突破了像弹子球一样在各自‘界限’中运行的模式，从这个意义上讲，主权已跨越或超越了国界，主权范畴已经超越传统甚至现代的国家权力的理念。国内与国际互动，政治、经济、文化、信息、人员等等一定程度上讲已经成为一种‘物流’并在全球体系的框架内运行，国家不再是行使主权的唯一行为体，国家从很大程度上讲，已经进入‘后威斯特伐利亚秩序’，从边界的式微，非政府组织、超国家行为体兴起，国际、跨国联系性和制度的普及，传统意义的国家的确已经发生了变化。”[①] 我们必须看到，在“后主权时代”主权国家仍然是世界组织的行为主体，即使是“后主权国家”在相当长的时间内也不会完全改变其行为主体身份。当然，这并不能动摇政治全球化的整合运动的坐标——走向世

① ［美］彼得·卡赞斯坦、罗伯特·基欧汉、斯蒂芬·克拉斯纳编：《世界政治理论的探索与争鸣》，秦亚青等译，上海：上海世纪出版集团，2005年版，第365页。

界大统一、大融合的趋势。

第三节　科技全球化推动国家进化的大革命

一、科技全球化的目标是开创无国界的“全球科技时代”

所谓科技全球化，是指科技的发展超越国家界限和区域界限，进行要素、活动、管理和成果在全球范围的配置、扩展和共享。科技不但是全球化的革命性力量，也是全球意义上的先进生产力的创造者。判断经济时代主要是生产工具与生产方式，也就是科技生产力。在人类发展中，新旧时代的区分就是生产力是否进步了，先进生产力就是科技创新的成果，现今的科技全球化像催化剂打破了国家间合作的时间和空间障碍，也催生了一个全球化时代。

人类社会演化的总根源和总动力，就是以科学技术的创新提高人改造世界的能力。一是科学技术创造了巨大的物质财富，为全球一体化发展奠定了物质基础。二战以来，以新千年信息革命为代表，以通讯和生物技术为标志的科技革命带动全球大变革，驱动人类社会冲破国界向全球社会迈进，使全球化进入加速和升华的新时代。据相关专家估算，30 年科技知识总量取得的成果超过之前 2000 年的总和；2000 年后人们获得的知识是二战后 30 年的两倍。科技促进了全球经济、生产、技术、管理的相互渗透、相互融合、相互依赖，形成了全球一体化的格局，催生了新的组织形式——“世界体系”。二是科技成为全球化的革命性力量，成为全球化的第一推动力。科学技术具有最强烈的革命性，是全球化的基础和动力。生产工具和生产方式决定着新旧经济时代，而科技形成先进生产力，决定着全球经济结构和经济格局。科技促使国际分工规模扩大，使生产、交换和消费都在全球范围内进行，形成生产、贸易、金融和消费全球化。同时，科技决定和主导全球化的产生和发展进程，推动经济、社会和政治的大变革，创造"知识社会"的社会新形态，而且必将成为未来文明的主轴。三是科学技术无国界传播导致经济、社会、政治和文化超越国界发展。为了使科技为人类造福，科技全球化不断深化，推动全球科技合作，达成全球成果共享，从而实现全球均衡发展。跨国公司研究开发的新技术推动了科技活动的全球化发展，不断扩展了技术传播的广度和深度。例如，科技论文在全球范围内发表、跨国专利申请、全球范围内高技术产品出口等。"以知识密集型企业为主体，以高技术产业为主导，以传统产业的知识化、高技术武装的服务业大发展为基础，以前所未有的时空压缩为核心，使新兴的服务业消除了地理距离和时间的界限，消除了国界，使共同化成为全球经济社会的基本格局和方向，成为无国界的全球化社会。"①人类已经进化到"科技无国界"新阶段，经济、社会、政治和文化等各领域的发展都开始冲破国家界限。

现代科学技术的发展，导致地球上时空界限的缩小，民族国家的界限不再像过去那样清晰，全球化成为当今世界社会大

① 孙国强：《全球学》，贵阳：贵州人民出版社，2014 年版，第 105 页。

融合发展的强大动力。一是科学与技术在历史发展的长河中，实现了从量变到质变的飞跃，推动人类社会从低级向高级进化，社会政治结构和国家组织形式不断完备，改变着旧时代，不断走向新时代。比如人类社会从石器时代（原始社会）、铁器时代（封建社会）、机械化时代（资本主义社会）到近代和现代的电器化时代、自动化时代、电子化时代和信息化时代。每次科学技术的进展都影响着人类社会的发展进程，开创一个新的时代。二是科学技术的发展实现了人类对客观世界认识的飞跃，哥白尼的“日心说”替代托勒密的“地心说”、爱因斯坦的相对论替代牛顿的经典力学、人类学替代“上帝创造世界说”等，人类的认识在不断扬弃中提高、不断接近客观实际、不断推动时代的前进。现代科学的发展把人类认识和改造世界的能力提高到一个新的阶段——世界观念、世界思维和世界意识。三是现代科技革命的持续发展已经成为推动全球化进程和时代发展的有力杠杆。专家估计，20 世纪初世界工业劳动生产率的 20% 依靠新科学技术，到 20 世纪中期上升到 80%。以轮船、铁路、汽车和飞机为代表的交通技术出现了质的飞跃，人员和物资的国际交流呈几何级增长。科技已经成为第一生产力。特别是以科技发家的跨国公司贡献了世界经济总量近一半，已经成为经济全球化的主要推动力量。科技全球化使世界各国的经济资源得以冲破国界在世界范围内合理配置，使国家间的互动依存程度增强，大大促进了“全球时代”的形成和发展。

以信息技术为龙头的新一轮科技革命，以开发创新为主体的高科技兴起，又把世界带入一个经济发展新高潮和社会政治变革的新阶段。科学技术这个第一生产力带来空前发展的时候，历史往往给人类提供一个社会政治结构变革的新的历史走向——生产力发展引起的国家进化革命。就是说，发达国家已经进入信息社会，而发展中国家和不发达国家对信息技术处于落后和“拖后腿”的被动境地，从而降低了国家多领域的话语权，不但不适应高科技革命，而且严重制约了人类社会生产力的发展速度。从长远看，这只是一个开端，更大的变革还在后面。全球信息的流动和信息资源的共享，促使世界走向一体化发展，新科技革命与经济全球化相结合，实力强大的国际企业的经济行为超越一国领土界限开展大规模活动，加之国与国的经济相互交织、相互融合、相互依赖和相互渗透，所有国家、地区、国家联盟的经济都成为不可分割的世界整体的组成部分。这种趋势的增强大大促进了人类社会的进化和组织形式的变化。例如，区域国家联盟的扩展、企业国际化的大发展和“世界电子政府”的兴起，都是高科技引起的社会组织形式的变化，同时也佐证了实现大同社会的可能性，也说明世界政府的出现是迟早的事。

二、科技革命导致人类利益的共同化

全球化作为现代社会的新事物不断发展壮大，它的总根源和总动力就是科学技术问题的全球化、科技活动的全球化、科技管理活动的全球化、科技成果的全球共享。由此带来科学技术的不断创新，人们改造世界能力的不断提高，其动力来自科技自身特有的巨大力量。这就是科技全球化的动力机制，即利润驱动、学术驱动、危机驱动、技术驱动、知识驱动、政策和文化驱动。从本质上说，科技的特征就是全球性。科技全球化决定整个全球化的出现、发展和未来趋势，并带来全球革命性的大变革。例如，互联网就展示了它的全球性和星球化。在全球化时代，科技在全球范围内的共同化，必然导致人类利益的共同化。

全球化的科研活动包括跨国合作和联合攻关，包括资源和成果的全球共享，制度的规范、准则和制度都是跨国性的，科技这柄双刃剑带来的负面影响也是全球性的。所以，科技的全球性不但改进了人的生活质量，而且带来人之间、政体之间、国家之间互动效率的提高。特别是电子计算机、高空卫星传播和海底电缆传输等的普及，使得互联网信息进入全球千家万户，不但有利于人类交流，也有利于社会运作。信息传播的更重要的意义在于为人类社会的进化和组织形式的变革带来了翻天覆地的大变化，把整个地球变成了一个联系紧密的、"时空压缩"的"地球村"，把人类社会变成了流动的"信息场"。人类从早期的人工传递信件到马背驿站传递消息再到邮递信件、从近代的电报到传真再发展到现代的互联网再到通信卫星信息，传播的方式在飞速的发展和提高之中。可见，信息的全球普及、全球流动和全球共享是驱动区域一体化、全球一体化发展的一个重要变量，实现了世界由裂变到融合的发展，这中间信息技术发挥了桥梁和纽带的作用。据相关专家估计，“电子政府”的形成，不但可以大大提高政府的服务功能，而且可以大大增进政府间、集团间的交流，这为全球化、区域化和企业国际化的大发展提供了可能。“电子政府”的出现将是实现全球信息场、“世界政府”理想社会的一种有力的佐证。

三、科技的无国界传播使国家成为世界发展的阻碍

第四次全球化浪潮是赋有新质的全球化，网络和市场已经把世界上大多数国家连成一体，形成你中有我、我中有你的局面。网络技术的不断发展，使国家主权的行使范围发生了新的变化，互联网的发展影响着国家主权，信息时代与国家主权有着天然的矛盾，以互联网为背景的信息全球化给传统国家主权提出了严峻的挑战，“我们必须承认全球化的确冲击和弱化了国家主权。因为全球经济借助互联网以前所未有的速度、广度、强度在全球流动，由此出现了许多新的、非领土化的组织形式。大大超过了传统国家的统摄能力。而全球化带来的数不清的全球问题，又不是一个国家所能面对的”。① 信息、通信技术的发展已经在技术上使国家主权边界消失，国家的自主性和独立主权受到影响。国家在通信媒体迅速发展的趋势下越来越显得乏力，对互联网控制能力更是严重不足。

互联网与民族国家之间的矛盾，表现为互联网的开放性与

① 和平、俞景华、李鹏、胡小磊：《全球化与国际政治》，北京：中央编译出版社，2008 年版，第 2、24 页。

国家主权的封闭性、互联网的主动性与国家主权的被动性之间的矛盾。在互联网这一虚拟世界中，主权的地域性与互联网的超地域性之间的矛盾越来越突出。现代化的信息传播技术，为人们的经济生活超越国家界限提供了新的手段，信息革命正在使我们从以国家为中心的世界转变为以网络为中心的世界，从一定意义上说，我们已经进入一个“全球时代”。在这个“全球时代”，民族国家的对内和对外的中心地位大大下降，网络给国家主权从理论到实践带来了冲击，对政治、经济、文化多领域的影响都是巨大的。一是网络通过渗入国际组织发展以及国际合作挑战国家政治主权；二是网络通过经济全球化、金融全球化冲击国家经济主权；三是网络通过文化的发散性弱化民族国家文化的认同感等，从而挑战国家文化主权。

第四节　文化全球化促使传统国家观念和民族意识大转换

一、支撑“世界社会”的文化——“世界文化”

全球化既是一个经济的过程，又是一个文化的过程。经济全球化的直接后果就是文化全球化。这就像物种起源和进化的道理一样，300 年近现代文明呈现多元多维趋势，其主要动力来自经济层面。展开一点说，文化全球化是从 16 世纪海洋航道开通后，东方与西方即中国文明体与欧洲文明体的文化实现了接触、碰撞和互动，这就是文化全球化的开端。文化全球化是由经济全球化所启动的、各种不同文化在全球多层面超越时空的大规模的互动、融合和重组的“世界文化”的生成和发展进程，即民族文化、地域文化向全球文化转型，是以人类整体为对象的文化观和实践的过程。文化全球化就是人、物、符号跨越国界和区域界限的流动。在全球化形势下，文化因素在当今国际社会的作用越来越重要，影响着人们的经济、政治和社会生活，改造着国际环境，为全球融合发展提供强大的精神动力和智力支持。《千禧年宣言》提出：“全人类，恳请每个人，携手并肩，戮力同心，创造一种否弃暴力、珍重生命价值的文化；一种休戚与共、经济秩序公正的文化；一种彼此宽容、生活态度真诚的文化；一种男女平等、互为伙伴关系的文化。”实质上，这就是文化全球化阶段的目标，它将实现“世界文化”与“世界体系”的匹配，将托起和支撑未来“世界体系”的形成和发展的整个阶段。正如原始文明支撑数百万年石器时代的采集渔猎阶段，农业文明支撑数千上万年的铁器时代的耕种阶段，工业文明支撑300年机器生产和现代化阶段，知识文明支撑20世纪以来信息社会和知识社会的阶段，未来兼容并蓄的“大同文化”将托起和支撑“世界大同”。

在一个宏大的世界社会、世界体系中，没有一个兼容并蓄的共同理念、共同价值观念的“世界文化”的支撑是不可想象的。可以乐观的是，文化全球化催生和托起了新的“世界文化”、“世界文明”。笔者把“文化”和“文明”等同，是因为文化在某种程度上又是文明的代名词。“国际社会的未来可能取决于一种世界性文化能否得以保持和发展，这种世界性文化不仅包括共同的理念，也包括共同的价值观念，它根植于所有社会及其精英之中，可以使得当今的国际社会具有过去地理范围较小和文化上较为单一的社会所具有的那种观念基础。但是，这并不等于说某种世界性文化将在整个世界占据主导地位并淹没文化间的差异，也不是说这样的事态发展是值得欢迎的。我们也必须承认，今天处于萌芽状态的世界性文化，同这个文化所要支撑的国际社会一样，其评价有利于占据主导地位的西方文化。同世界性的国际社会一样，世界性文化可能需要更多地吸收非西方的成分，这样它才能具有真正的普世性，并且为一种全球性国际社会提供一个赖以生存的基础。"[①] 显而易见，文化在世界一体化发展中的重要性，在于它托起一个"世界体系"的形成和发展。文化的重要性和作用已经在企业国际化中显现出来，跨国公司在全球生存、发展壮大，就是依托"全球理念"、"全球人格"、"跨公司文化"或"杂交文化"的支撑，不但消除跨文化冲突，而且成功地在全球运营。"可口可乐"在百余年的发展史上，一直注重在文化本土化上的运作；联想并购 IBM 个人电脑业务时，联想高层把两者之间的文化融合作为前提问题进行认真研究；惠普在合并康柏业务时专门成立企业文化工作组，进行调研分析，为高层决策与文化融合提供依据。

① [英]赫德利·布尔：《无政府社会：世界政治中的秩序研究》，张小明译，上海：上海人民出版社，2015 年版，第 267 页。

二、文化全球化的存在形式——世界共融

文化全球化的本质就是文化的共融。文化共融并非同化，它是从内容到形式保留差异的共融，是和而不同、求同存异的共融，是多元多维文明深嵌于现代文化和文明这个宏大的体系之中的共融。文化是人类共有的知识、观念和期望，不同文化具有共有性质。文化的载体是人，人和物的流动、市场化、商品化、劳动力资源的优化配置等，本质上都是一种文化共融。不同文化的共同性，决定了文化的共融。共融的形式是：多元多维文化在互动中形成内在的文化认同和外在的多元文化相互交流、渗透、包容、融合，在多元文化的融合中产生新的一元文化——全球文化。一个更加全球性的世界在于文化趋于同质化的物质和精神的追求。如流行歌曲、流行服装、流行食品、流行话语等生活方式、消费模式和观念意识的趋同化。如今，正在经历全方位的空前的全球化，如美国的麦当劳、肯德基风行世界，体现了快餐文化的全球化，迪士尼、好莱坞电影、NBA 风行世界体现了娱乐文化的全球化，新闻的全球传播体现了新兴媒体的全球化。文化全球化是一种感性的全球化，当代通信技术（比如卫星电视、互联网）的发展，促进了跨境旅游、移民的全球流动，政务往来增多，商务活动的频繁，形成了巨大的全球性文化流，大大促进了文化的全球化，使“全球文明”“全球文化”萌芽并迅速成长壮大。文化全球化的本质是文化的世界共融，也就是精神生产的世界性，文化消费的人类性。因而它是最有生命力的。

文化全球化的第一个倡导者阿帕杜莱说:"文化全球化有两个层面,一是指民族的、国家的文化走向了世界,传播到其他国家和民族。为它们所享用,使之具有了世界性;另一种是各国间、各民族间的文化通过互相碰撞、融合而形成一种世界性的新文化,它不为哪一个国家或民族所独有,而为全世界所认可。"[①] 比如"世界语"的出现、联合国的出现、国际法的出现、世界性协议和公约的出现等,都是世界性的,它们都是全球社会和全球治理的缩影。当今,由于通讯、广播和交通设施的现代化,才形成文化的全球化。换言之,也只有在今天这样的生产力发展、科技进步和人类交往扩展达到全球阶段和水平上,文化全球化方可出现,它集中地表现在不同生活方式、消费方式、观念意识的相互认同、相互渗透、相互吸引,从而呈现出文化发展的某种同一化、同质化趋势。信息革命的作用,转变了国家、民族和区域封闭的、狭隘的文化观念,承认人类文化具有共同性,开辟了民族的、国家的文化向全球范围、向多领域转型、传播和交流的新时代,才产生了"全球文化"、"全球意识"的新的文化观念。现代科学技术革命有力地推动了文化全球化进程,使联合国和各部门的制度规范在全球无障碍交流,促进了全球文化的交流、互动和共融。同时,现代科学技术革命催生了当代文化全球化的新形式。人类将在全球化、全球利益和全球治理的基础上,形成人类新的共同价值观念和新的人

① [美]尹晓煌、何成亚主编:《全球化与跨国民族主义经典文论》,南京:南京大学出版社,2014年版,第198页。

类文明。“文化全球化主要表现为各种文化相互交流的深化和相互影响的增强，交通运输的发展、通讯传媒的发达使各种文化和民族之间的互动进一步加强，同质文化和异质文化的接触和碰撞明显增多，这就推动了世界文化的多元化发展和各国文化的融合。文化的世界性和整体性日益强化，有可能形成真正超越民族的不与某个特定民族国家—社会相联系的‘第三种文化’。但是，其中难免存在着文化的冲突和碰撞。”[①] 我们认为，“第三种文化”就是传统文化的本原回归——一元文化，它是多元化文化兼容并蓄的“世界一元文化”或“世界文明”的趋势。“世界一元文明”的形成，不是同化，不是一个吃掉一个，而是相互包容；不是消灭差异，而是和而不同。这种文化，不属于任何一个国家、任何一个民族，它是属于世界的、人类的，但在其中可以找到所有国家和民族文化中最优秀文化的元素。这种“世界文化”的真正意义，就是体现“人类精神”，反映人类“集体意识”。

三、文化全球化的本质是人类共享

在解决国际冲突和企业兼并时，在政治领域和企业界大有所作为的政治家、企业家就必须把不同文化融合起来，找到二者的平衡点、共同点，从而发挥沟通、理解和求同存异的作用。可见，文化在世界、国家、民族、企业和团体组织中的作用是至关重要的。全球化不仅是政治、科技、经济推动的，更是文

① 邵鹏：《全球治理：理论与实践》，长春：吉林出版集团，2010 年版，第 6 页。

化推动、形成和构建的。文化全球化是在全球化的进程中必然出现的一种文化，它是一种真正的“人类文化”的开端，是人类的新文化，是世界文明的文化，是人类对探索真、对追求善、对创造美的历史积累和无限发展的产物，是不同民族、不同地域、不同时代、不同条件下形成的多元文化的融合形式。这种“人类文化”有着人类共同需求的满足和统一价值标准，有着共同发展的追求，是在人类共同利益的基础上形成的共同价值和行为准则，它既是共存共享的，又是多元融合的。有人把这种兼容并蓄的新文明称作“全球文明”，实质上这就是全球化的文明。全球化文化的本质是共融、共享、共存，也是和谐相处。有个别学者带着“有色眼镜”研究文化现象，宣扬所谓“文化优劣论”、“文化冲突论”，所谓“文化冲突论”是说东方文化与西方文化是相互冲突的文化，迟早要发生大冲突。我们对此持否定的观点，因为从古至今根本没有出现过纯粹的文化冲突，将来也不会出现纯粹的文化冲突。西方有的学者所谓“文化冲突”实际上是利益的冲突或是民族间的矛盾。文化全球化具有人类共同性，具有全人类的共同价值标准和共同价值观，文明和文化从内容到形式都是共存、共享和共融的，因而和谐与融合才是文化和文明的基本要义。

四、文化全球化浪潮对国家观念、民族意识和传统文化的冲击

全球化追求人类共同利益和超国家的世界利益，有利于消弭民族文化中的狭隘性和局限性，弱化民族利益的差异性，增

强利益的共同性和融合性。文化全球化体现着文化的共融意识，削弱了国家、民族狭隘意识和民族狭隘利益观念，增强了人类利益的共同性和世界文化的共同性。

文化全球化的明显特征是融合发展，这是由文化共享性决定的。主要体现在语言、习俗和价值观等多方面的超越民族界限的影响、渗透和共融。全球化增强了不同地区、国家文化的多边交流和相互了解、认同。文化全球化冲击着各民族文化的狭隘性，在冲突中实现融合，在融合中产生世界文化。第一，不同价值观相互影响渗透。在全球化形势下，各主权国家都可以运用多种传播手段扩大自己的影响力，这样就造成不同民族、不同国家的价值观都要经受巨大冲击，西方的价值观影响东方，东方的价值观影响西方，比如传统儒家文化作为普世价值观影响着世界上许多国家。第二，不同语言彼此融合。一方面，通用语言已经形成。21 世纪初全球说英语的人数 11 亿，全球有数十个国家以英语为正式语言，特别是在互联网上使用英语的人占全部网民的 29.5%。互联网上使用网上 10 大语言的网民占所有网民的 81.9%。另一方面，弱势语言开始消失。语言学家估计，21 世纪将要消失一半弱势语言，占全球数千种语言的 80%。[①] 第三，不同民族习俗跨界融合。本来节日是不同民族各自的节日，是不同民族特殊性的载体。但是，在文化全球化背景下，出现了超越民族国家界限的世界性节日相互认同，成为

① 叶自成：《中国和平发展的国际环境分析》，北京：经济科学出版社，2009 年版，第 486 页。

共同的节日。如西方的圣诞节、情人节被东方人接受，东方的春节被西方许多国家接受。美国的肯德基文化在中国流行、中国的豆腐文化在美国流行。可以说，现在的饮食、服装、礼仪、语言和庆典等诸多方面已经趋同。再如欧美的民主政治理念和公平正义价值取向被世界接受，增进了传统文化的普世性。不同文明的融合发展反映了人类不同文明具有共同性，因而文化融合发展是人类的共同诉求，促进了不同文化在全球交流、互动和共融。第四，文化全球化极大地冲击了传统文化。以互联网等新兴传媒为载体的文化全球化浪潮，对传统国家带来巨大的冲击和诸多领域的挑战，特别是对传统封闭性、局限性的民族文化的冲击。例如，西方冲击了东方数千年封建文化中的臣民心理、官本位思想和“人治”理念等，增进了传统文化学习和吸收民主、公正、平等的普世性，消除了现代政治发展的阻碍。第五，文化的全球化推动了多元文化向一元化发展。目前文化传播媒介呈现多元化和全球化趋势，从期刊、报纸、广播和电影发展到卫星电视和互联网等，日益趋向文化的认同化和一体化发展，这是世界不同民族多元文化融合发展的新动向。比如美国的好莱坞电影、迪士尼娱乐文化流行世界。特别是现代信息和交通通信技术突破了传统的时空界限，把全球都联系为一个整体，社会生产和生活已经超越了民族和国家的界限，生成了全球观念和全球意识，支撑和推动世界一体化发展。可见，文化全球化就是要生成全球文明、全球意识，也就是以人类整体为对象的文化观和文明观。

五、文化的共同价值观是世界大统一、大融合的精神动力

在全球化进程中，文化表现为共同性和融合性，为世界文化多元化融合发展创造了条件。文化的多元多维融合发展，是世界大统一、大融合的强大动力。在全球化趋势下，世界各国都主动地在寻求相互间的文化交叉点和共同性。比如“文化搭台、经济唱戏”的目的就是利用不同文化的共同性、相切点发展经济合作关系，实现共同利益。一是有利于增进世界各国相互理解，为大统一、大融合奠定基础。随着一种文化在世界范围内传播和应用，就会发挥国家与国家、民族与民族相互沟通和理解的巨大作用，特别是全球信息的流通和资源共享提高了政体与政体、国家与国家之间的互动效率，给全球治理、国家治理和社会运作带来便利，它的意义在于把交往扩展到世界范围。二是有利于世界各国相互文化认同。文化全球化使各国的经济依存有了文化的认同基础，文化之间的交流有助于增强不同国家和地区相互之间的价值观认同，为解决相互间摩擦创造条件。三是有利于促进民族文化的自觉和创新。文化全球化必然冲击传统的民族文化，不断提升民族文化的创新水准。例如，如今东方文化与西方文化融合出现了空前发展势头，中国儒学中的中庸之道是西方所重点借鉴的，因为儒学中的“中庸”“和谐”与西方奥古斯汀的“音乐的和谐”是共融的。不同文化的融合，为人类生存和发展提供精神动力和智力支持。

为什么不同文化和不同文明共存于同一世界，形成既有共性又有差异的多元行为体、多元传统和多元实践的全球文化体

系，而且都是可以融合发展的？根本原因就是全人类都是同祖同宗的，因而不同文化和不同文明也都是同根同源的。人类具有共同祖先、共同出生于非洲，具有共同基因和共同身份，因而文化本质上就是人类之间的“共同符号”。第一，世界上不同文化和不同文明都是同根生成、同源兴起，由于历史上地域的分割而形成了不同特点，所以在这些不同特点中必然存在共同点或相似点，最终发展必然是趋同、趋融合的。由于文化的共融，才出现了“国际文化”“世界文化”。文化的共融具体体现在双边或多边的国际规范和机制之中，例如国际交往中的《协定》、《条约》和《协议》等，国际事务中的《公报》《备忘录》等，国际法领域的《联合国宪章》《国际海洋法》和《世界人权宣言》等，国际规制中的《世界贸易组织章程》《联合国教科文组织章程》等，这些都标志着不同文化体系、不同地域对世界文化形成的规范和机制的认可，其实质是一种文化的大融合。没有文化的统一，就没有国际体系的形成。现今，文化的发展已经进入全球性大融合阶段，其标志就是“全球文化”。第二，文化是社会成员共同生活形成的共有知识、理念和理想，是人类对物质世界的精神总结，体现在人类的进化和人类的精神上，也体现在人类社会的进化上。如果没有文化的代代传承，人类社会就会停滞不前，可能还在原始社会踏步不前。从本质上说，文化就是人类借鉴自然科学的知识来促进自身对于人类历史的认识、未来发展方式和目标的选择。同时，我们从古时的帝王文化到近代和现代的民族、国家文化，从冷战时期的意识形态文化到目前的世界体系文化，就会发现人类不断发展进步和文化趋同、趋融合的趋势。第三，价值观念的逐渐趋同、趋融合，形成共同的理念。文化包含宗教。宗教文化是人类文化重要组成部分，宗教本身就是一种文化和文化的存在形式。自从1993年在召开“第二届世界宗教会议”上签署了《走向全球伦理宣言》以来，发展形势喜人。中国相关方面提出建立宗教共同体的倡导，是完全符合“融合发展”大趋势的。2000年9月，150个国家签署了《千禧年宣言》，其中倡导的共同价值观和共同理念实际上就是世界文明进步发展的大纲，对于新世纪世界一体化发展至关重要，并将为人类理想社会的构建提供丰富的营养。

第五节　全球治理对传统国家利益的大挑战

全球化是国际社会最深刻的变革，也是国家利益在国际政治层面上面临最严峻的挑战。其一，以原则、规则、程序和组织制度为内容的国际制度对主权国家的种种限制和干预是挑战国家主权利益的重要方面。其二，全球化、工业化带来的“全球性问题”是国家利益面临的挑战。其三，以人类共同利益为价值取向的全球伦理、全球意识和人类观念，是对国家传统利益观、载体和根基的挑战。

一、21世纪是多种政治行为体参与全球治理的世纪

随着全球化的深入发展和国家权力的分散转移，各种全球

性问题不断涌现，从而使全球治理理论应运而生，导致全球多种政治行为体的产生，全球治理被正式提上议事日程。21世纪无疑将是全球治理的新时代。从20世纪中期以来，特别是在冷战后时代，全球化进程逐渐加快，各种全球危机也不断凸显，比如人口危机、环境危机、能源危机、恐怖危机等，这些全球性问题把世界各国的命运紧紧联系在一起，全球几乎没有任何一个国家能够单独解决这些问题。因此，“全球协同共治”的理论，随着全球化的发展和全球危机的出现而不断深入发展，各种各样的国际组织、国际制度和国际规则发展起来，用以规范、协调各个国家的行为和各种活动的合规性，并在全球合作解决“全球性问题”和进行有效“全球治理”问题上达成了共识。通过全球治理实现全球规制，维护国际社会正常秩序，推动人类普世价值的跨国性规则体系的建立，包括完善跨国性原则、规范、标准、政策、协议和程序等。全球治理的客体，是指已经影响或者将要影响全人类的、而且很难依靠单个国家解决的跨国性问题，重点是全球安全、生态环境、跨国犯罪和基本人权等。全球治理具有重要的理论和实践价值，具有历史和现实的意义。“在理论上，一是改变过去各种合作理论中只强调国家（政府）间的合作的单一模式；二是以全球价值观为导向；三是以全球治理理论作为一种新型合作理论。在实践上，一方面，国家主权在事实上受到一定程度的削弱；另一方面，全球化时代国家面临的政治、经济、环境、生态、安全等问题却日益跨越国界，超出了单个国家解决的能力范围，需要超越自身的狭隘性，共同努力，开展合作。”[①] 方兴未艾的全球化进程，为全球治理的兴起与发展提供了核心动力。全球治理是当今国际社会的一致共识，是21世纪全世界的最大政治，民族国家也只有依靠和参与全球多边治理才能实现国家的利益目标。如国家在物质方面的“安全与发展”利益，在精神方面的国际社会的“尊重与承认”的利益等，都必须在国际框架内实现，否则可能造成某个方面的“利益零和”或自主权利益下降。

全球治理作为一个理论概念，从20世纪90年代初开始在国际关系领域逐渐流行开来，1992年罗西瑙（Jamess N. Rosenau）和切姆佩（Ernst-Ott Czempiel）主编的《没有政府的治理：世界政治中的秩序与变革》（*Governance without Government: Order and Change in World Politics*）一书，成为全球治理理论研究的开山之作。“治理”一词，始见于20世纪90年代，并以治理理论的创始人詹姆斯·N.罗西瑙为开端，他的观点是通过公共权威的治理和对公共事务进行管制，实现调和冲突、协调利益、合作共赢。在1999年12月肯尼思·华尔兹在《政治科学与政治》杂志上发表了题为《全球化与治理》的文章。“以各主权国家、正式或非正式的国际组织和全球公民社会推进全球化，管理、控制和解决和平、发展、生态、民主为主的全球问题为根本，以全球伙伴关系为基础，以全球学为指导，以相互尊重、民主协商、合作博弈、实现共赢为手段，以建立健全、完善发展一整套维护人类安全、和平发展、福利、

① 段小平:《全球协同治理研究》，兰州：兰州大学出版社，2012年版，第65页。

平等和人权的新的国际组织政治新秩序为核心的规则和制度，以最大限度地实现和增进人类共同利益为最终目的的全新全球体系。"[①]可见，全球治理是一种全新的、综合的、系统的全球治理，而不是某一学科的全球治理。全球治理的结构主体是四类组织，即主权国家、国际组织、全球公民社会和区域性国际组织。所谓"无政府治理"，就是上述四个行为体的共同治理，而不是单一国家政府的垄断治理，从而形成全球维度的多元化治理体系。这个体系，就是跨国层面、国际层面、次国家层面共同构成当前全球治理的多元主体并存的体系。全球治理在近期要突出的主要议题诸如领土争端、核危机、区域稳定、民族主义、人权等。在治理过程中要明确认识到，联合国是全球治理的主导，具有强制国际干预的权力。只有这样，才能把全球治理进行到底，使世界从无序走向有序，确保世界长治久安。

二、全球治理使国家既是参与者又是被规制者

随着全球化的深入，国家间的交往增多，由此带来了一些全球性问题：在人类永续生存和发展方面，如人口、粮食、贫困、难民等；在均衡发展方面，如南北问题、能源资源问题等；在共同安全方面，如核扩散、恐怖主义、跨国犯罪等。这些全球性问题，直接威胁着人类的持续生存，但是单一行为体是无法解决的。第一，民族国家解决全球性问题力不从心。国际环境领域正在成为主权国家力不从心和无能为力的领域。解决全

① 孙国强：《全球学》，贵阳：贵州人民出版社，2014 年版，第 399 页。

球性问题必须依靠各国和全球多种行为体协同作战，形成共同意识，多方通力合作，采取共同行动。第二，狭隘国家利益是解决全球性问题的障碍。在解决全球性问题时，各个国家从自身的国家利益出发很难形成协同共治、步调一致状态。例如，国家核监督、武器申报登记制度、环境保护指标、资源信息共享等很难实现，特别是遇到有关军事、政治和国家安全的利益时，常常以主权至高无上或其他种种理由为借口而达不成一致。第三，国家在全球治理中既是参与者又是被规制者。一方面，各国都要树立全球意识，关注全球公共利益，参与制定相应的国际性条约和国际机制，协同行动，参与多边共治，共同解决全球性问题；另一方面，国家要接受世界性、区域性政府间国际组织的合理规制，采取有效措施约束国家行为，使国家行为符合人类求安全、求和平、求稳定、求发展的普世价值。

全球治理是一种实践活动，受到国际社会的广泛关注，全球治理概念和程序已经进入国际议程。1995 年开始发行《全球治理》期刊，为全球治理研究提供了基础平台。当代国际体系的一个重要特征，是国家对权力的垄断地位和多领域优势地位的部分丧失。在世界范围内，国家在上层受到区域联盟和全球性国际组织的挑战，在下层受到恐怖主义的挑战，在侧面受到非政府国际组织和跨国公司的挑战，而且当今世界又有多个权力中心，包括非民族国家行为体。所以，治理的首要问题是世界秩序。一方面，要建构符合人类求安全、求和平、求稳定、求发展等价值理念的世界秩序；另一方面，要建立、维护与变革世界旧秩序，朝着人类理想社会方向发展。从总体看，各国已经进入全球治理的角色，同时接受了国际协调和规制，为21世纪和平与安全、发展与进步、正义与公平的目标而共同努力。

新世纪全球治理，主要是以联合国为代表的多边机制，其依据是公认的国际法、国际关系准则和国际惯例，所以国家不再是唯一的政治行为体，在治理过程中也必须改变过去国家垄断治理的状况。“实际上，几乎在政策的所有主要方面，处于区域和全球流动过程中的国家这一政治共同体已经卷入密集的跨国协调和规制之中。”[①] 国家的治理和权力要受到国际因素的制约和规制。在治理中，一定要发挥好联合国的作用，联合国在治理中要扮演主导者的重要角色，在安全治理、经济治理、环境治理、人道主义治理中发挥主导作用，为将来扮演世界政府角色打下实践基础。当今世界比任何时候都需要联合国，因为国际社会所面临的传统安全和非传统安全威胁和挑战是相互关联和没有国界的。世界上任何一个国家，不管它有多么强大，都无法单独有效应对重大挑战。只有在联合国框架内，集体应对各种威胁和挑战，世界、地区、国家和民族才能实现天下太平、相安无事。

全球多边共治的关键，是制定出各种覆盖各领域、各部门的世界性制度和规范，利用公共权威解决全球性、区域性的各

---

① 俞可平等：《全球化与国家主权》，北京：社会科学文献出版社，2004年版，第6页。

种问题。在民族国家的权力日益分流、转移和让渡的背景下，全球性问题需要全球治理和全球解决，需要世界各个国家以及国际组织相互合作，形成全球多边共治模式，建立全球多种行为体的全球体系。在目前以国家为主体的世界体制中，国家依然是国际交往的政治单元的政治现实，在全球治理中仍然要发挥国家的主力军作用，要把本国范围内的治理和国际多边协同治理相结合，以全球化的深入发展为动力，逐步解决全球性问题。在治理中，一定要发挥好非政府间国际组织和全球公民社会的积极性、主动性和能动性。比如现在的"环境非政府组织"，具备全球性网络体系，追求环境公益性的目标，拥有灵活的机制、良好的民众基础和专业性强的环境知识与技术等独特优势，是一支全球治理的重要力量。一定要把这类组织的巨大能量调动起来，从而把全球治理不断引向深入。

三、全球治理的最终结果——走向世界大同

当今，一个全球维度的多元化体系和"世界政治"正在逐步形成，全球性机构及规则使国家主权利益、国家认同利益和民族认同利益受到了冲击，而且超国家组织可以在更深层次上穿透传统主权体系，规制国家行为使之符合全球体系规则。例如，世界贸易组织（WTO）规则要求成员国都必须制定与之相衔接的经济运行规则 。可见，全球化、区域化是国家治理的大方向，但对国家观念、民族意识造成弱化和下降，对政治、经济利益都造成一定影响。

“‘全球治理’，是多种政治行为体的‘共同治理’。各政治行为体特别是国家治理的共同化，共同形成的治理权的共同体。而各国仍然保留着在转化治理后剩下的‘最后主权’，这个‘最后主权’究竟什么时候转化为治理权，只能由历史来回答。”“至于‘最后主权’什么时候被彻底消灭、不复存在，我不能妄下结论，因为这只能由历史的进程来决定。”[①]就是说，国家主权将从绝对性转变为相对性，部分主权转变为治理权，国家主权将越来越少，治理权将越来越多，最后剩余主权将与全球多种政治行为体构成联合主权和主权共享状态。

全球治理的现实结果，即现阶段全球治理所要达到的状态，就是要实现人类社会的普世价值和共同利益，建立起一整套公正合理的全球经济政治新体制和新秩序；全球治理最终结果，是实现全球民主平等、合作共赢、公平公正的理想社会，即“最后主权”的消灭，国家的消亡，世界政府的建立，世界大同的实现。这是因为，全球化、全球治理与世界大同的内涵一致、要素一致、目标一致，最终目标都是世界大统一、人类大融合。正如社会学家张全义所说：“必须承认，在‘后主权时代’‘主权国家仍是这些世界组织’的核心成员，但是这并不能否认‘世界国家’的走向与不断完善。”[②]

① 孙国强：《全球学》，贵阳：贵州人民出版社，2014年版，第332页。

② 张全义：《世界国家生成机理初探》，北京：光明日报出版社，2010年版，第294页。

第六章　民族国家在主权的让渡和限制中与全球多种政治行为体形成“联合主权”关系，导致国家权力多层面散失

全球化的作用力催生了世界多种政治行为体的出现与运作，它们像剥洋葱那样，一层一层地剥离国家原来掌控的权力，使原来高度集中于国家的权力分散化，导致国家能力削弱，促使主权国家在原来由传统国家控制的权力范围内进行限制、转移和让渡。途径是向上、向下、向外等多层面散失。主权是国家的根本属性，是国家的灵魂和身份，丧失了国家主权就不是真正意义上的国家了，就“国将不国”。这就是说，当今世界的四次全球化浪潮已经促使民族国家政治大变迁，形成了与全球多种政治行为体的“联合主权”和“主权共享”关系，导致大量权力丢失，再经过数次全球化浪潮民族国家将完全消失，为世界政府的生成创造条件。

第一节　国家主权向上让渡到世界性政府间国际组织

一、现代国家主权在理论上从绝对性向相对性转变，在实践上从“主权国家”向“联合主权”转变

在全球化时代，主权国家受到的冲击最大、最深刻，因而世界上众多学者在多种论坛上发表文章，宣称如今国家消亡空前加速。目前，有人认为国家已经是一个“空壳”；有人则说国家消失已经进入“倒计时”；有人公开说国家主权是对外战争掠夺和对内暴虐独裁的根源，主张通过“去国家化”过渡到世界国家；有人说国家主权是完善国际法和国际组织作用发挥的障碍；也有人说国家像关税一样阻碍国际经济的发展，主张取消国家主权。这些观点言出有因，但有的观点失之偏颇。客观地说，在全球化时代，国家的前后左右都有各种国际组织、公民社会、社会运动、各种论坛等，它们的作用日益增大，都从不同角度向民族国家提出挑战。在这种情况下，国家面对重重压力，也意识到自身能力的有限性，为了顺应全球化大趋势，接受主权绝对性向相对性和“联合主权”转变，积极加盟各种国际组织，进行国际合作，缔结双边或多边条约，自愿让渡和限制部分国家主权，以达到合作共赢和实现国家目标的目的。于是，国家将权力向上、向下、向外和向左右进行让渡、限制和转移，虽然从总体上是合理的，但在客观上带来了国家主权神圣权威的削减和国家中心地位的变迁。全球化还促使民族国家的国

内政策、规则都要与国际规则协调一致，不但促使国家限制和转移部分主权，国家自身在权力行使方式上也发生了重大变化。

现代主权理念的普及始于1648年《威斯特伐利亚和约》的签订，这一年成为近代国际关系史的开端，是整个世界历史上的一个分水岭，现代国际体系的基础就是由这个和约奠定的，该和约确认了各欧洲国家的主权身份，确立了国家主权观念和国家在国际关系中的最高权威。“主权”（sovereignty）即最高、至上的意思，这是现代国家的基本属性和首要特征，“自主权”也就成为现代国家的要素之一，主权者已经拥有了政治体中绝对的权力，具有制定自己的规则的能力，拥有独立权、平等权、自卫权、管辖权。国家主权在国际法上是指一个国家独立自主处理内外事务、管理自己国家的最高权力，是一个国家存在与否的象征，它具有独立性、自主性、排他性以及不可分割、不可转让的属性。主权包括政治主权（含意识形态权力）、经济主权、文化主权、技术主权、生态环境主权、信息主权和民族主权等。现代意义上的国家主权观念，16世纪形成于法国哲学家让·布丹（Jean Bodin）的学说中，认为主权是授予民族国家的，并非授予个人。所谓民族国家，是指一个独立自主的政治实体，民族自决和自治，以传统的历史、文化、语言等民族认同感而共同形成的政治体制。但是，一旦全部或部分地失去国家主权这些属性，从逻辑上讲国家也就不是真正意义上的国家了。二战后，在国际社会中进一步强化了国际关系中的国家中心地位的思想。至此，现代国家是国际社会唯一的具有独立行为能力并享有充分主权的国际行为体，是国际体系的核心，也是确立现代国际关系的基础。

然而，自20世纪90年代以来，全球化的发展强烈地冲击着国家的中心地位，震撼着以国家为中心的国际政治结构，使国际政治向世界政治转变，表现为政治领域的分化与重组、国际组织职权的扩大，给国家主权观念、主权理论和主权实践都带来了冲击与震撼。虽然还没有从根本上动摇国家主权构成国际关系的基础和国际法的核心地位，但作为一种理论原则的绝对主权观，在现实中必然要受到国际法和国际规则的制约。特别是全球各种政治行为体的涌现，影响了国家能力、自主权甚至权威的合法性，也削弱了国家的主权机制。因而，从人类共同利益出发，依据国际法原则适当限制国家的主权是世界发展的需要。世界上经历了四次全球化浪潮，每一次都会打乱国际社会原有的秩序，随着旧秩序的瓦解和新秩序的诞生，国际社会中的国家地位迅速变化，国家主权受到国际法和国际规则的制约，这是全球化发展不可避免的大趋势。日本学者山本吉宣在《国际相互依存》一书中写道："我们之所以以'世界一体论'，是因为迄今为止的全球理论还未跟上实践的步伐。"[①] 他认为，国家主权是由不同层次的权力构成的，一些存在于外围的权力如关税问题等是可以让渡的，而处在核心位置的主权是不能让渡的。但是，在全球化时代，主权正在被一层层"剥离"。如今，"绝对

① [新加坡]马凯硕:《大融合：东方、西方，与世界的逻辑》，韦民等译，海口：海南出版社，2013年版，第51页。

主权”的观念在理论上受到质疑，在实践上受到约束和限制。

国家主权是一个历史范畴，滥觞于古代，形成于近代，已经存在近三百年。但是，随着全球化进程的推进，各国不再坚守国家主权的绝对性观念，追求国家主权的实质性意义，并通过灵活运用主权来发展国际合作，实现国家利益的最大化。国家主权观念和主权理论，经历了从传统主权绝对性向相对性和联合主权的转变，从国家主权不可让渡发展到可以让渡、转移和受到限制的转变，特别是随着信息网络的拓展，人们对国家主权的认识也出现了新的变化，传统主权学说和主权理论正面临极大的挑战，时代要求尽快使主权理论跟上主权实践的发展。比如，目前国家主权实践已经从绝对主权发展到相对主权再发展到联合主权，而主权理论仍然停留在绝对性上，出现了主权理论发展跟不上实践发展步伐的局面。

二、民族国家向世界性政府间国际组织让渡和限制主权，实现了“联合主权”和“主权共享”

全球化进程的不断深入，带来了国家间利益的交叉和诸多问题的交织，导致相互依存关系的增强，形成了共同利益，也出现了共同的全球性问题，造成任何国家都不可能孤立地存在和发展。加之非国家行为主体增强，形成了国际多元性主体构成的全球体系，即复合性政治框架的大规模发展，使国家权力的传统边界变得模糊不清，国内政治问题与国外政治问题、外交事务与国内事务之间的界限很难区别清楚，比如疾病控制、大规模杀伤性武器的控制、生态保护等都无法确定其归属，这些问题既是国内问题，又是地区性问题，还是全球性问题。根据传统主权观强调属地优先权和属人优先权，任何国家有权自主选择国内问题的管理和处置，全球性问题的处置必然受到国际社会的制约。这就是说，全球性问题的治理和国内与国际交织问题的处置需要国家进行主权让渡给国际社会。国家主权的向上让渡，就是民族国家向具有法律能力的世界性政府间国际组织让渡主权。比如向联合国组织、世界贸易组织、世界卫生组织等的一些合理让渡和限制主权，这种国家主权让渡和限制，实质上已经与这些国际组织建立了"联合主权"和"主权共享"关系，这对国家来说是有利有弊的。例如，加入世界贸易组织并向世界贸易组织让渡部分经济主权是利大于弊的事情。一方面，世界贸易组织为国家提供经济政策调整方向，提供技术、人才等项目。另一方面，国家可以利用世界贸易组织拓展国际贸易渠道，吸收国外技术和资金，加速产业结构调整和升级，参与国际分工，促进本国经济发展进步。这就说明，各国为了生存和发展正在重构国家权力和调整权力运行方式，并非一味固守主权的绝对性、神圣性。

"全球化消融着传统国家的主权，全球化的过程也是民族国家将国家主权一步步移交给国际机制的过程，如同欧盟成员国向欧盟移交主权那样，这是一个漫长的过程。"① 世界性政府间

① 和平、俞景华、李鹏、胡小磊：《全球化与国际政治》，北京：中央编译出版社，2008年版，第2、21页。

国际组织、区域性政府间国际组织、世界性非政府间国际组织等全球多种政治行为体作用的不断增强和权力的不断扩大，导致了国家主权中自治权削减。联合国、世界贸易组织、东盟、国际清算银行、欧盟、非盟、国际原子能机构等，它们参与到全球政治决策和利益分配中来，解决了任何主权国家都不能单靠一国的主权来解决的问题，特别是在环境、人权、安全等领域。这些问题不仅仅是内部事务，必须接受国际社会监管和协调，也就必然要进行部分主权的合理让渡和限制。

"总的来说，国家的所有领域都会遭受权力丢失，合计起来这样的权力丢失也肯定不少，尽管如此，国家不会被降低到只是经济事务的执行机构，更不会终结单一国家。相反，有四种经验的和合法性的理由反对'单一国家的死亡宣言'。另一方面，全球性行为的需要也使单一国家的重要性相对化了，要求具有超越单一国家之一的、有行为能力的机构。"[①] 全球化导致国内经济国际化，国内市场变成了国际市场的一部分，国内经济融入国际经济大潮，从而使国家的某些经济决策权力（包括关税政策、货币政策的制定等）转移到相应的国际组织，取代了原属主权国家的一些管理功能，减弱了国家的经济主权。一个国家经济发展水平还要取决于国内产业在国际市场的影响力和产品在世界经济中所占的份额，在这种情况下，世界性国际组织和全球治理机构越来越多地介入国内事务。这样一来，国家必

① ［德］奥特弗利德·赫费:《全球化时代的民主》，庞学铨、李张林、高靖生译，上海：上海译文出版社，2014 年版，第 147 页。

然要按照统一规则的制约和一体化调整安排，必然将一些经济决策权让渡给世界贸易组织、世界银行和国际货币基金组织等国际组织。

目前，诸多全球性问题的解决必须通过全人类的相互合作，而这一过程必然会涉及主权利益的让渡。在实践层面上，全球性风险的增多使得传统国家无法单独给本国国民提供安全和无风险保障。因此，国际组织才是民族国家生存发展和全球公民安全的靠山和保护伞。只有国际组织的能力和力量才能为国家提供生存和发展的国际条件。所以，曾经是主权国家首要目标的维持国家安全和有效防务，现在只能通过国际合作的安排来实现。这就对国家的外交政策产生了重大影响，国家主权的行使受到了前所未有的限制。尤其是二战以来，主权国家在处理涉及国际和平与安全的问题时越来越不能单独应对，各国不得不将自己的政策与行为纳入统一的国际安排中去。

三、国际法规制度、条约和普世价值标准限制了部分民族国家主权

在全球化进程中，国际组织在国际关系中的作用越来越大，因而国家不可避免地会成为一些国际组织的成员国，而国家作为国际组织成员国在参与该国际组织和有关部门的活动时必须遵守其组织规约，在处理国际关系时必须遵守该组织的宗旨、原则及有关部门的决议，这样一来，国际组织的宗旨和规则对传统的国家主权势必形成一定程度的限制。比如，为遵守联合

国各组织的政治、外交和军事等国际法规、制度而限制国家的部分政治主权，为遵守世界贸易组织、国际货币基金组织、世界银行等的经济、贸易、金融等方面的规定、制度、条约而限制国家的部分经济主权。同时，国家的国内规则还要尽可能与国际规则协调一致，不能相互抵触，这就又限制了国家的部分权力。但在总体上，这些限制是合法合规、合情合理的，因为各国在统一规则和规范下运行有利于本国的国际合作和国内经济社会的发展。

国家是全球化的主要推动者和参与者，是全球化各项规则的主要制定者和执行者。因为民族国家不是生存在真空的，而是生存于国际社会之中的，民族国家为了发展利益而与世界性、区域性国际组织或不同国家签订共同遵守的条约时，就需要相互让渡、转移和限制主权。全球化主要是以经济全球化为先导的经济、政治和文化的全球化的整合运动，并要在整合中实现国际规制、规范的不断建立健全和完善。冷战两极格局结束后，全球化进程空前加速，超国家行为体不断发展壮大，国际法规、国际制度的硬化，加之联合国等国际组织的推动作用，使得国家主权受到一定限制，每个国家都要在国际交往中做出主权限制。2005 年，政府间国际组织 7350 个。国际组织都建立一定的条约、协议，加入国必须遵守组织的章程和有关国际法原则，并承担规定的责任和义务，国家的主权因此受到限制。有时，国际组织在功能上与国家的主权范畴部分重合也导致国际组织在运作中必然部分取代传统由主权国家行使的部分职能，也要对部分国家的权力进行自我限制，尤其是全球性组织，在维护国际政治、经济秩序的过程中所采取的宏观决策和统一行动而形成的各种法规制度，也要求成员国进行部分主权限制。

全球化推进了普世价值标准的形成及国际法硬化，加之全球化进程中的人权保护及国际干预，传统国家法律法规制度的制定也要与国际接轨和协调一致。例如，二战以后人权的国际保护得到不断加强，《联合国宪章》第一次写入"人权"，规定人类的人权及基本自由作为联合国的一项宗旨。此后，联合国又制定了一系列人权保护法案、公约、宣言等，人权保护逐渐成为国际社会的共同法规。联合国有权干预甚至以强制手段干预，如人道主义往往使用强制性手段。同时，在全球化时代，国家之间的相互依赖性大大增强，面临着诸多的法律问题，仅凭一国的力量也很难依法妥善解决，加之国内与国际规制接轨和规制保持协调一致，也必然导致国家权力的部分限制。总之，民族国家主权向上让渡、限制和转移的现实结果是，民族国家与全球多种政治行为体形成"联合主权"和"主权共享"关系，改变了传统民族国家主权是唯一主体的状况，导致部分国家主权被非国家行为体取代和蚕食。

第二节　国家主权向左右让渡到区域性政府间国际组织

一、区域经济、政治一体化是世界一体化的基础

区域化是在全球化时代适应超国家大格局发展的需要，通

过相互协商制定国家间经济、政治实体联合的政策和措施，并缔结经济和政治条约或协定，在经济上形成一个区域性经济贸易联合体、在政治上形成区域共同体及其实践的过程。区域经济一体化就是把单独的一个个主权国家的经济整合为较大经济体系的一种状态或过程。在这个过程中，成员国中的经济决策权、经济管理权和政治主权要部分让渡给加盟的组织管理机构和周边加盟的国家。比如欧盟、东盟、非盟、北美自由贸易区等，成员国必然要向这些联盟组织机构让渡部分主权，从而推进本区域整体的经济社会发展、加速区域一体化发展进程。据统计，全球已有146个国家和地区，参加了35个区域性经济组织。各成员国的财政政策、货币政策、贸易政策和生产要素流动政策等实现区域性统一；实行增值税率、消费税率的一致；实行统一银行、统一货币；实行统一汇率管理、实行价格的统一管理等；取消外汇管制，废除跨国界的金融管制，可以相互购买和发行各种有价证券。区域经济一体化的内涵，是能够进行多边经济合作，消除国家边境造成的经济交往中的障碍和贸易壁垒，其实质是打破行政区划界限，按区域经济原则统一规划布局、统一组织专业化生产和分工协作，建立统一的大市场，进行优势互补的大联合、大合作，实现地区的共同发展目标。在政治一体化方面，2004年通过的《欧盟宪法条约》，标志着欧洲向政治一体化迈出了具有历史意义的一步。区域经济政治一体化，实质上就是建立了跨国家、跨地区的命运共同体，是国家进入发展新模式的创制。其优越性是：促进国际贸易扩大；

确保国家政治安全利益；追求经济利益的最大化，达到增强国家实力的目的。区域化的深层次意义不仅是古代人类建构理想共同体的继续，而且是人类探索新的超政府共同体和国家进化新形式的尝试。这种创制是由人类“社会身份”扩展、交往扩展和生产力发展所决定的，最终结果是走向整个人类命运共同体的建构。现实结果是民族国家主权的唯一主体转变为与区域共同体“主权共享”的“联合主权”关系，标志着国家已经进化到次高层次，为世界一体化发展迈出了关键性一步。

二、民族国家将部分主权让渡给区域国家联盟机构后进化到“联合主权”新阶段

主权是民族国家最重要的特征和最根本的属性，作为国家身份的主权，在传统民族国家中是不能分割、不能让渡、不能被限制和转移的。但是，全球化深入发展和国家进化的大环境促使民族国家处于多重主权的让渡之中，特别是加盟的民族国家要向区域国家联盟机构让渡和转移更多的经济、政治、外交和军事权力。所谓向左右让渡就是原来由一国掌控的权力向周边共同加盟的机构和国家让渡主权，这是因为加入了联盟后一国不可避免地要与他国发生交往，有交往就有主权让渡，有让渡就有共享，有共享就有共同利益，这是双向交换的。实质上，这就在加盟国之间建立了“联合主权”和“主权共享”关系。例如，“一方面，欧洲国家放弃了很大一部分曾经被视为本国主权的权力。欧盟削弱了其成员国的主权和传统的政府职能，例

如对本国货币和边界的控制权。另一方面，欧洲的政治仍然主要以国家为主。”[①] 加盟共同体后，国家角色发生了一定变化，这种变化实质上是国家进化到次高形式，其意义在于促使新的国际体系的建立和国际合作制度的形成，即国家进入在国家之上大格局发展阶段。

民族国家加入区域国家联盟后，区域性的经济组织机构定期提出宏观经济评估和政策调整建议有利于国家经济发展，国家必然要将经济方面的一些决策权让渡给区域性政府间国际组织，接受区域经济秩序和政治规则，这就需要国家之间的协调和合作，其中也蕴涵了各国对其主权的部分让渡和限制，以促成有效的合作共赢。有的跨区域和跨洲经济合作组织要把每个国家都纳入经济一体化之中，这就必然使各个国家都要接受其经济秩序和规则，限制部分主权。民族国家让渡部分国家主权，是一种自愿的行为和自愿的约束，自己限制主权是为了共同分享主权。一个国家在限制本国部分主权时，可以分享到其他国家的部分主权，实现了“联合主权”和“主权共享”。这些主权国家对主权的自愿限制，是民族国家在全球化形势下改变“弹子球”发展方式和求生存、图发展的正确选择，同时也说明国家只有走区域化、全球化之路才能适应人类社会生产力高度发展的要求，确保国家在全球化浪潮中继续前行。

① [美]亨利·基辛格:《世界秩序》，胡利平等译，北京：中信出版社，2015年版，第110页。

三、民族国家向区域国家联盟让渡和限制主权的结果——趋向“区域统一”格局

民族国家向区域国家联盟机构与周边加盟国家让渡和限制部分主权，目标是实现区域经济、政治一体化。区域一体化是各个国家改变囿于“弹子球”式的发展方式的选择，是适应全球化、顺应大格局发展的需要，也是世界一体化发展的桥梁和纽带。区域一体化给我们的长远启示是：区域共同体的创制，为国家进化找到了一条成功的出路，也打消了一些人对建立“世界国家”的质疑。区域共同体从欧盟扩展到全球五大洲，人们便会从中看到世界一体化的希望，并把世界一体化的理想变为共同理念，化为世界大统一、人类大融合发展的动力。区域共同体与世界一体化是双向促进的连带效应，区域共同体的世界化必将带来世界体系的新变化。多个区域经济、政治的一体化竞相发展，共同进入“洲统一”阶段，将会大大推动世界一体化的形成，有利于把国家疆界扩展到全球范围，为大同社会奠定基础。

“当今世界全球化与区域化并行发展，极大地改变了全球社会的面貌，改变了传统民族国家为核心的国际事务治理方式，催生并促进了国际事务的多边治理进程。”① 欧盟和其他区域国家联盟的创制，具有重大的现实意义和深远的历史意义。区域国家联盟是对产生了5000年的民族国家的这个政治共同体在

① 任剑涛主编：《政治学：基本理论与中国视角》，北京：中国人民大学出版社，2009年版，第366页。

客观上的否定和实质性大变革，是跨越国家疆界大联合发展模式的探索和实践，为人类永续生存和发展找到了一条有效的途径——建立在国家之上的“洲统一”命运共同体，为“世界政府”的创建发挥了示范带头作用。这个带头作用，集中体现在欧盟已经成为世界融合发展在经济、政治和文化上的成功范例，已经成为向“世界政府”过渡的光辉样板。今天欧盟实施的议会、宪法、欧元、国界已经相似于共和制民族国家的自治区界与合众联邦制国家的洲界，显然这是改变了民族国家的内涵和边界的传统意义，是世界进入了一个崭新的“全球时代”的重大步骤和标志。

第三节　国家主权向外让渡到非政府组织和全球公民社会

一、全球化使超国家、非国家体制的功能、地位和作用日益增强，主权国家的功能、地位和作用日益减弱

伴随着国际政治行为体的多元化、全球体系的形成和全球政治的出现，国内政治和国际政治之间界限变得模糊不清。特别是非政府间国际组织等非国家行为体的大规模发展，带来了国际社会体制的创新，形成了复合性政治框架，使国家中心地位发生了一系列变迁。“在当前的世界政治中，迄今为止以主权国家为主体的国家之间关系构成的国际体系发生了巨大的变化，正在形成一个由包含主权国家在内的多元性主体构成并具有世

界规模的复合性政治框架，即全球体系。"[①]"全球体系"就是全球多元政治行为者参与所形成的体系，如国家行为主体、非国家行为主体、政府间国际组织、非政府间国际组织、跨国公司、全球公民社会（市民社会）、个人等，事实上它们已经成为全球上层建筑中的重要组成部分，发挥着举足轻重的作用。特别是非政府间国际组织的大规模发展和发挥作用，冲破了主权国家的藩篱，改变着主权国家的内涵。非政府组织（NGO）是跨国性、民间性和非营利性组织。这些组织以人类共同利益为最高原则，追求全人类和全世界的整体利益观念，其全球影响力在日益提升。目前，国际非政府组织达到5万个，覆盖200多个国家和地区。联合国相关20个机构给予非政府组织以咨询地位及相应权利。例如，联合国大会授予国际红十字会等众多组织观察员地位。目前，国际非政府组织是国际关系中的"第三种重要力量"，其活动涉及社会生活的方方面面，几乎无所不有、无所不管，活动范围主要是环境保护、维护人权、军备控制、消除贫困、反对种族歧视、反战运动、反毒品等，同时还涉及根除暴力、争取民权、扩大妇女权益、保护儿童、促进少数群体利益、反腐败等。在这种情况下，国家问题与国际社会问题相互交叉渗透，国家不能完全自主地或单独地决定本国的对外政策和采取对外行为，而会受到来自其他国家甚至非国家行为体的政策及行为的影响和制约。现在，以国家为中心的国

① ［日］星野昭吉：《全球化时代的世界政治——世界政治的行为主体与结构》，刘小林、梁云祥译，北京：社会科学文献出版社，2004年版，第1页。

际体系已经向“全球政治”转变和扩展，一个全球维度的多元化体系正在逐步形成。所以，国家在全球体系中已经不是国际舞台上唯一的行为主体，更不是国际关系的唯一权威，这是一个多元主体并存的“全球体系”的形式，国家在这个世界复合性政治框架中只是其中一员。

全球性的非国家行为主体是指除政府间国际组织以外的各种行为体，他们在经济、政治、社会、文化等领域相互交流与相互联系，形成了一种相互融合、相互促进、相互依存的关系和强大的组合力。随着全球化的推进，非政府行为体的公共管制空间不断扩展，掌握的资源越来越多，控制资源的能力越来越强，渗透到民族国家的管辖范围，削弱了民族国家的部分职能。近些年来，这些国际组织的数量不断增加，到2000年共有国际组织50373个，其中非政府间国际组织43958个。2013年非政府间国际组织共有58859个，比1991年翻了一番。全球有300万个大小跨国公司机构，其中大多数机构的经济实力和政治影响都超过主权国家，全球大小非政府组织数以万计，在许多方面可与国家政府抗衡。所谓全球公民社会，包括非政府组织、非国家行为体、无主权行为体、议题网络、政策协调网、社会运动、全球公民社会、跨国联盟、跨国游说团体和知识共同体等。这些组织是介于国家、正式国际组织和个人之间的全球民主治理活动的组织，他们通过举办论坛、游行抗议等多种形式参与各项全球治理，还建立了全球公民网络，具有强大的硬制约力、软约束力，要比法律、制度、维和等手段更能取得好效果，也是市场、权力、法律所不能支配和覆盖的。目前，国际性非政府、非正式国际组织的全球各种民间组织占所有国际性组织的95%以上。在国际社会的各个部门、各个领域都有他们的专门机构，包括政治、经济、社会、教育、卫生等各个部门，非国家行为体对长期以主权国家为主导的国际关系体系提出了挑战，也挑战民族国家的权威，渗透到国家的政治、经济和文化权利之中，发挥催化剂的作用。"国际组织所面临的一个重大任务是竭力团结各种力量建设一个'全球共同体'。在这个共同体内，多元化和同质体两大主题共同繁荣，为世界各族人民谋取福利。如果这些事务交由给政府完成，政府囿于政治议程和狭隘利益，或许会更加难以胜任。国际组织却被证明在弥合分歧方面表现得尤为成功，其原因是它们的唯一武器是思想、奉献和志愿服务。"①

二、民族国家向非政府国际组织让渡和转移社会权利

民族国家主权向外转移和限制，就是向世界性、区域性和国内各种各样的非政府国际组织让渡、转移和限制社会权利。任何国际组织，凡未经政府间协议而建立，均被视为非政府国际组织，包括独立组织、民间组织、第三部门、志愿协会等。非政府间国际组织是由不同国家的社会团体或个人组成的组织，它与政府间的国际组织相对。这类组织是其成员根据世界大多

① [美]尹晓煌、何成洲主编：《全球化与跨国民族主义经典文论》，南京：南京大学出版社，2014年版，第148页。

数人共同的愿望和要求，为解决国家间非政治性的问题或发展某一事业而组成的。这些组织有完备的组织机构和运作方式，一般都建立了常设工作机构，他们的作用日益突出，与民族国家一起参与全球政治、经济、社会、文化等各个方面的议题和治理，开辟着跨国性和全球性活动的空间和领域，形成着社会生活新制度、新规则和新观念。

从20世纪末开始，大量非政府组织纷纷涌现，迸发出巨大能量，深刻地影响着世界的面貌和发展进程。特别是在解决全球性问题过程中，非国家行为体比国家更具有优势，它弥补了国家在这方面作用的不足和不力，特别是在环境保护等与人类生活息息相关、直接影响人类生活质量的问题方面，非政府组织的作用大、方法多种多样，能够有效地弥补主权国家在全球环境治理能力和观念的有限性。例如，环境非政府组织凭借自己的优势，可以通过咨询、游说、批评、示威、抗议和道德说服等一系列方式开展活动，他们有完备的组织机构和灵活的运作方式。一些组织在联合国和国家支持下，把全球公民社会的力量调动起来，积极开展工作，活跃在世界各个角落。他们在通过的《地球宪章》和《里约环境与发展宣言》中指明，世界各国和人民在发展经济的同时具有保护自然植被的责任。这些组织曾经开展了声势浩大的反对捕鲸和濒危动物抗议等活动。再如20世纪80年代非政府组织反对核武器竞赛的抗议活动，其中1985年“绿色和平组织”装备船只出海抗议核试验的活动最有影响力，引起世人关注。1985年7月，他们组织了四艘船只的船队，进行新一轮反对核试验抗议活动，最大的一艘船被命名为“彩虹勇士”号，被法国炸沉，一位船员丧生。这激起了反核运动的升级，引起全球的广泛关注，使全球和平运动一度达到前所未有的高潮。

非政府组织在全球化时代的作用被人们说成“压力集团”和“舆论先锋”，间接地影响着单个国家的行为和内外政策，推动了全球治理结构和“世界体系”的形成。例如，“绿色和平组织”成功地说服各国停止向北海、大西洋东北水域倾倒工业废物。又如，“南极南海联盟”提出保护南极大陆成为世界公园，并制订了一个框架草案。全球公民社会的影响越来越大，联合国的大部分会议都有非政府组织论坛相伴。许多非政府组织还享有联合国经济及社会理事会顾问的地位。现在，全球非政府组织的数量还在增加，它们都有各自的目标和宗旨，拥有巨额资金，具有与政府抗衡的能力。2003 年 3 月美国发动对伊拉克战争时，全球数千万人在 600 多个城市按照太阳升起的次序进行反战示威，参与人数约 600 万，形成了全球人流跃动的环球链条，首尾相接，宏伟壮观。西方有位学者认为，全球公民社会正在形成，标志着民族国家垄断世界政治的情况一去不复返了。有学者预言，非政府组织将成为未来理想社会的舆论先导和建构先锋。

三、民族国家向跨国公司让渡、限制和转移经济权利

跨国公司属于非政府间国际组织。跨国公司是世界经济中

最重要的非国家行为主体，是世界经济舞台上集投资、贸易、金融、服务等经济功能于一身的特殊主体。目前全世界数百万家跨国公司大小机构在全球范围内从事生产经营活动和竞争，以其强大的经济实力影响着主权国家的决策和利益，特别是对发展中国家的国家权威、国家认同、民族认同和文化认同都带来巨大影响。跨国公司的发展具有强大的吸引力，发展中国家和最不发达国家为了在全球化条件下图生存和求发展，不得不为跨国公司提供原料、市场、政策等多方面的便利条件，在减少各种关税、打破非关税贸易壁垒、降低市场准入门槛限制、投资优惠、提供廉价劳动力和用工宽松等多方面做出大量让步，千方百计吸引跨国企业来本国境内投资办厂兴业。这样一来，跨国公司以强大的影响力、经济实力和全球战略，冲击民族国家的主权和东道国的经济，也影响所在国的法律和政策的制定。

跨国公司是经济全球化的主要载体和主要形式。跨国公司的崛起，与国家主权构成了对立统一的关系。跨国公司的全球生产经营活动分割了国家的经济主权，经济发展落后的国家要谋求发展就要向跨国公司进行主权让渡和限制，这种现象必然对国家行使主权的能力、效果和意志造成冲击、渗透、侵蚀，跨国公司开展的各种活动直接或间接地削弱着国家行使主权的意愿、能力和效果。跨国公司以强大的经济力量，衍生出巨大的权力，从政治上影响东道国的政治行为，从经济上分割国家的经济主权，使主权国家已经不再是国际舞台上的“老大哥”。

但是，跨国公司的崛起和发展，它有一个极其重要的作用和意义，这就是它极大地推动了世界经济的发展，在国际体系重建中扮演了桥梁和纽带的角色，也在世界一体化进程中发挥了举足轻重的作用，已经成为世界大同的实践者，发挥了在经济全球化、文化全球化中的示范带头作用。

第四节　国家权力向下转移到次国家层次

美国学者苏珊·斯特兰奇认为，在经济全球化的冲击下，十种国家权力受到削弱和约束：“国防的重要性和规模的下降；无法独立维持本国的货币；难以适应全球大市场的发展方式；纠正市场波动的能力下降；提供社会保障的能力有限；征税能力的不足；制定整体发展战略的能力下降；无法独立完成基础设施的建设；无法维持国内市场竞争以及垄断暴力。”[①] 这些曾被认为是国家独享的权力受到多方面的冲击，国家权力无法再按照传统的方式行使。于是，世界上许多国家向下转移到次国家层次、社会组织、市民社会和民间转移权力，走公共事务地方化之路，比如向本国下属行政机构转移分散权力，既发挥地方的优势，又分散财政压力。实质上，这是主权国家顺应全球化的趋势和全球治理的需要，在“后主权时代”进行“主权模式转换”，自主调整、转变主权运作形式、强化重点功能和克

① 杨雪冬:《全球化: 西方理论前沿》，北京：社会科学文献出版社，2002年版，第254页。

服顾此失彼而采取的权力行使新方式。主权国家这样做的目的，除了弥补国家因全球化削弱权力而导致的能力不足之外，也是为了更有效地参与全球化和融入世界大市场，更好地发挥国家对外政治、经济和文化职能的作用。这样一来，传统国家原来高度集中于国家掌控的权力分散化了，这就意味着国家权力的重大调整、国家生存发展方式和运作方式的重大变化，这样做不但适应了全球化的需要，而且解决了在国内与国际交织问题上的无力和缺失。但是，这并不能否认国家范畴的改变和趋向“世界一体”的走向。

在全球化浪潮的冲击下，国家在改变生存发展方式、权力运作方式和国家职能的同时，已经认识到在全球化时代国家履行职能的有限性。于是，世界上许多国家顺应形势，转变观念，采取国家权力向次国家层次转移，自我削弱权力、分散权力、下放权力，放弃部分主管权，形成多元化权力分担、共同参与的国家治理的新体制。同时，消除非合法化、非民主化的权力等，使过去国家控制的权力向下分散，实行国家层级治理，从而转换权力行使方式，使权力行使方式多元化。第一，以国家权力向地方政府分散来弥补能力不足，弥补国家人力、财力、物力的不足，而且发挥了各级地方政府的优势和积极性，把原来国家的一个积极性变成了两个积极性，这也是现代社会发展进程中公共事务地方化的大趋势。全球化以来，公共部门面对的公共事务多面化、多层次和复杂化，以前能够应对的问题而现在应对不了。有了基层的参与和分担，既有利于地方与国际经济接轨，又有利于与世界市场融合。第二，以国家权力向社会分散来缓解国家履行职能的有限性。在全球化形势下，众多国家把政府权力向社会转移，由社会组织来完成。在过去看来是国家的职能或掌控的权力，现在由社会承担，不但方便了广大民众，而且促使全球化的“向下渗透”，适应了全球化时代国家职能的新变化，体现了管理的多元化主体和多样化管理。第三，转变国家传统统治观念和国家管理社会公共事务方式。国家权力由统治转变为治理，社会管理由单一主体转变为多元化主体，管理模式由单一行政管理转变为多样化管理，这是国家管理社会公共事务方式的重大调整和变革，是政府传统统治行为和方式的进化，这也是现代社会发展的大趋势。

第五节　国家权力的自我约束和限制

一、国家权力在观念上的自我转变，在实践上的自我约束

为什么在 20 世纪世界上从欧洲中世纪神权政治理论发展到传统国家主权理论，而在 21 世纪又出现否定和限制国家绝对主权的思潮呢？随着全球化的深入发展，国家与国家之间的相互依存和相互交往在深度和广度上都空前加强，国际法受到普遍重视、全面实施和空前硬化，加之超国家组织职权的行使，在这中间难以避免与国家权力行使发生一些矛盾。因此，有的西方学者以全球化浪潮冲击和相互依存度提高为依据，而主张限制和否定国家主权。因此，在世界上，多年来一次又一次形成

限制和否定国家主权的思潮，并强调各国要把“不违反国际法”的限制词和内容加入国家主权理论、主权观念和主权实践之中，在区域共同体和世界性和洲际政治、军事组织的章程中也要加入“遵守国际法”的内容，并提出用有限主权观或相对主权观代替原有的“绝对主权”旧观念，这样国家主权就与国际法相吻合，与国际组织相协调，消除了超国家组织职权行使与国家主权绝对性的矛盾，国家就成为国际法的主体。美国人詹姆士·罗西瑙在《没有政府的治理》一书中认为，这样一来，国际法也就合法地约束和限制一切国家的行为，名正言顺地规范世界体系的秩序。这个观点是不无道理的，这就要求国家进行行为的自我约束，特别是要克服民族主义的负面因素，共同维护世界体系的有序运行。

二、国家权力行使方式的重大调整和新变化

在全球化时代，如何认识主权问题至关重要，我们要以人类文明进步和世界一体化发展为出发点和落脚点，调整原有的思维方式，改变“绝对主权”观念，承认主权的相对性的存在，适应主权观的理论、观念和在实践中行使方式发生的变化，来研究全球化条件下主权新形式、权力行使新方式和多元化。一是国家主权向国际社会让渡的主要是部分经济主权，目的是促进自己的长远发展和世界性、区域性经济的持续发展。二是主权让渡给国际组织，其前提是主权共享和利益共享，是以其他国家主权的让渡为基础的。正如安东尼·吉登斯说的：“主权让

渡主要是在经济关系方面。即使在经济关系领域，也是双向交换的，因为成员国获得了在与世界其他地区的国际贸易关系中本来会丧失的自主权。”① 同时，我们要清醒地认识到，如果没有国际法的权威和国际组织的运作，国际秩序的有序性就不复存在，各国也无法确保主权和国家利益的实现。因此，现在将国家主权同国际法相统一、相结合的“相对主权”的观念，已经被众多国家所接受。任何国家都必须遵守国际法原则，互相尊重国家主权，任何国家都必须实现国内法与国际法对接。在缔结国家间双边或多边条约时，双方或多方都要遵循主权平等原则，都要让渡部分国家主权，从而达到合作共赢的预期目的。再比如恐怖主义、核武器扩散、跨国犯罪、毒品走私等全球性问题的解决已超出民族国家的主权管辖范围，各国必须调整其政策，以国际共同安全和人类共同利益为价值选择，主动限制主权权力，不断推进合作发展、共同发展和融合发展。总之，要正确认识全球化时代国家主权在行使方式上的变化与主权让渡、分割、限制、转移和蚕食的辩证关系，正确认识主权表面上的、形式上的变化与主权实质上的、根本上的变化，从而做到主权现阶段的“三个必须”：一是必须合法拥有，二是必须合法维护，三是必须合法行使。

① [英]安东尼·吉登斯：《民族—国家与暴力》，胡宗泽、赵力涛译，北京：生活·读书·新知三联书店，1998 年版，第 333 页。

趋势篇

未来国家将在全球多种政治行为体“联合主权”的取代和扩展中逐渐走向消亡，从联合国直接过渡到“联合国世界中央政府”并进入“世界大同”。

全球化既是一个名词，又是一个动词。“作为名词的全球化指全球化最终的结果：种族界限消失，国家消亡，各种文化互相渗透、互相影响，交融为一体。它告诉我们，数十万年前从非洲大陆走出，分散到世界各地、在相互隔绝的状态下形成不同文化的人类最终会走到一起。作为动词的全球化指人类重新聚拢的进程，特别是全球化进程中量变到质变的关键点，这些关键点往往被称为‘全球化浪潮’。人类最终的全球化结果，要经过许多次这样的浪潮。”①随着未来多次全球化的冲击，民族国家与全球多种政治行为主体的“联合主权”的扩展和取代下，民族国家主权将完全丧失，联合国直接过渡到“联合国世界中央政府”，进入“初级大同社会”，并向“高级大同社会”过渡，这就是全球化的最终结果。

① 和平、俞景华、李鹏、胡小磊：《全球化与国际政治》，北京：中央编译出版社，2008年版，第2页。

第七章　世界和平发展、融合发展将是整个全球化时代的主旋律

几千年来，古代先贤呼唤大同社会，近代和现代许多仁人志士也不懈地追求世界大同。其实，古今先哲们的新老梦想已经与当今世界现实发展不谋而合。具体表现在：全球化迅猛发展，全球多种政治行为体广泛运作，超国家的区域联盟发展到区域“联合主权”和趋向“洲统一”的阶段，民族国家已经融入全球体系，国家间政治往来、外交活动、国际贸易、宗教文化交流等都呈现史无前例的融合发展势头，加之跨国公司的全球运营实践和示范，这些都体现了世界已经进入全球“联合主权”和趋向大同的新时代，“和平发展”与“融合发展”必将成为未来整个全球化时代的最强音。

第一节　世界政府的生成机理和“世界大同”的实现形式：和平融合机制

人类社会的发展是两大“杠杆”推动的。这就是生产力发

展的“杠杆”和人类交往扩展的“杠杆”。这两大作用力开启的悄无声息的大革命，已经把人类社会推向全球化时代，已经趋向区域化的“洲统一”阶段和进入联合国的世界“共同体”阶段，把原来的民族国家主权唯一主体转变为全球多种政治行为体共享的“联合主权”，实现主权共享。这场大统一、大融合的大革命是一场没有枪炮声的、静悄悄的大革命，不靠强权和暴力，不以“新帝国论”思维来实现国家利益，更不是一个吃掉一个，而是以“和平融合机制”作为国家利益的实现形式，即用经济、政治、文化融合的形式替代历史上国家间武力扩张的不合法手段，从而以“和平融合机制”合法地实现国家利益。现在，世界各国普遍采用和平融合的方式实现国家利益的最大化。“和平融合机制”具有更重大的历史意义和现实意义，它是实现人类永续生存和发展的根本途径，也是国家利益的最佳实现形式。

在世界历史上，与“和平融合机制”相反的是国家间依靠武力的方式获得本国利益，这种方式在全球化时代不但已经不合时宜而且已经没有任何实际意义，采用这种方式只能落得个玩火自焚的下场。在古代穷兵黩武的古老帝国一个一个都最终衰落了，暴力夺取的王朝一个一个都最终消失了，但通过和平统一、相互融合的民族和国家却长久立于不败之地。这就说明，宇宙间的事物都是发展变化的，对于一个国家来说没有“日不落国”。例如，近代西班牙利用武力占有拉丁美洲和亚洲的菲律宾等大面积地域，但最终只是拥有50多万平方公里领土的国家；近代葡萄牙武力占有巴西和亚非拉海域、海岛，但最终只是拥有9万多平方公里领土的国家。[①] 在历史上，拿破仑、亚历山大、成吉思汗、希特勒都想以武力征服世界，但都以失败告终。罗马帝国、亚历山大帝国、波斯帝国、奥斯曼帝国等都最终衰落。他们是不可能长久的，原因是以武力方式征服是失道寡助的，而以“和平融合机制”的方式才是得道多助的。实践一再证明，“和平融合机制”是追求国家利益最大化和世界大统一、大融合的最好的实现形式，其基本要义有三。

一、动力机制——生产力发展

国家的产生是社会生产力发展的必然结果，国家的存在和发展同样是与生产力发展的一定历史阶段相联系，当生产力高度发展而真正实现了全球化的最终目标，这就是国家将失去存在的必要性而归于自行消亡、实现世界大同。目前，世界大统一、大融合在全球化的强大动力的推动下不断加速，国家正在面临全球化、区域化、企业国际化和全球治理的静悄悄的革命，加快了趋向消亡的进程。

传统的国家起源和自行消亡的理论，都是建立在社会生产力发展水平的高低上。当今世界的这场国家消亡革命就是从人类社会生产力发展伴随全球化浪潮开始的，即在英国机械技术革命中启动，在工业革命中发展，在电子信息革命中深化，在四次全球化浪潮中不断推进。这场革命与历代变革不同，也与强大国家武力扩张相区别，因为靠武力征服、靠新帝国理论、

① 周海成：《大趋势》，北京：中国文联出版社，2007年版，第89页。

靠强权政治是违背人的意愿的，是不被人接受的，是不具备合法性的，早已经被国际社会所唾弃，即使采用暴力暂时如愿也是短命的、不能持久的。而生产力大革命是以全球化为动力，以“联合国共同体”为先导，以“区域共同体”为范例，以民族国家内涵在全球化时代的消解为机遇，以跨国公司全球战略为实践，完全是通过“和平融合机制”的实现形式，趋向世界大统一、人类大融合。这场革命的每一个步骤的深入，都是在社会生产力发展量增加的推动下自发进行的。换言之，在生产力这只“无形的手”、这股强大的“无形的力”的自发推动下的大变革，是不以人的意志为转移的。现在摆在我们面前的任务，就是支持以联合国为代表的全球多种政治行为体的引领促进作用，助推全球化浪潮，强化全球多边治理，推动“全球体系”的形成和发展，为“和平融合机制”目标的实现创造条件。

社会政治结构的核心——国家和国家系统的进化，经典理论的共识——都是由社会生产力发展水平所决定的。马克思把生产力看成历史发展的有力杠杆，看成最高意义上的革命力量。中国著名社会学专家郑杭生教授说：“社会发展最基本的要素是社会生产力，社会发展水平归根结底是由社会生产力的水平决定的。”[①]数千年人类社会发展的历史证明，生产力始终是推动社会发展和进步的决定力量。“因为生产力在任何时候都具有冲破一切障碍、不断发展的内在动力，它在生产关系成为它发展

---

① 郑杭生、李强等：《社会运行导论——有中国特色的社会学基本理论的一种探索》，北京：中国人民大学出版社，1993年版，第18页。

桎梏的时候，就以不可遏止的力量强烈地表现出来。生产关系可以在一定时期阻碍生产力的发展，但最后总要被这种力量所打破。当生产力与生产关系不能相容，必须改革生产关系的时候，即生产关系对生产力的反作用最突出的时候，也正是生产力改变生产关系的客观要求最为强烈，生产力冲破旧的生产关系的内在力量已经成熟的时候。”[①] 可见，现代国家从机器生产传导世界、全球从农业社会向工业社会迈进的时候，社会生产力冲破旧的国家体制的内在力量已经成熟，而现代国家也已经不适应全球化条件下社会生产力高度发展的要求，严重阻碍了当今世界经济、贸易、政治和文化的交流发展，生产力的发展和科技进步强烈要求变革以民族国家为主体的世界社会政治结构和世界体制。

生产力是社会发展中最活跃最革命的因素。在全球化时代的今天，社会生产力发展已经把世界推到了在国家之上建立“联合国时代”的新阶段和“联合主权”的新水平，必然要求变革世界旧的生产关系，实现世界生产力与生产关系的统一。现在，国家的“弹子球”效应和疆界封闭的“篱笆”已经成为全球经济发展、贸易流通、科技文化交流、通讯信息流动的严重制约，冲破国家的障碍成为世界发展的迫切要求。实际上，目前这个变革已经进入实质性阶段，国家主权作为现代国家的核心价值，从内容到形式都正在发生巨大变迁。

① 李秀林、王于、李准春：《辩证唯物主义和历史唯物主义》，北京：中国人民大学出版社，1982 年版，第 278 页。

二、融合机制——全球化和交往扩展

经济全球化是社会全球化、政治全球化、文化全球化的源头和基础，经济全球化的后果就是整个全球化的后果，也就是最终实现人类交往扩展到全球范围，实现世界大统一、人类大融合、走向大同社会的结果。一是在政治方面，形成了具有权威性的国际协调机制。经济全球化引发了政治全球化，严重冲击了国家经济主权，模糊了国内政治与国际政治的界限，出现了国内政治国际化和国际政治国内化的现象。国际组织正在运用各种国际机制介入各个国家的政治，帮助国家协调国际关系。在这个大趋势下，必然要求国家、区域发展和法规的制定与国际大环境、大方向相协调。二是在经济方面，国家间和民族间的相互依赖增强。经济全球化对世界经济发展起到极大的推动作用，国家对本国经济的管理不再享有绝对排他权和唯一的决策权，主要表现为生产的国际化和各国国际贸易量快速增加，跨国公司作为经济全球化的载体促进了全球生产一体化、金融自由化。科学技术在全球流动传播，改变了旧生产方式和生活方式，大大增强了国家间和民族间的相互依赖，为世界大统一、大融合奠定了基础。三是在文化方面，形成了全球观念和全球意识。通信革命扩大了文化的全球传播与交流，大大丰富了文化的共同性内涵，拓宽了人们的视域范围和整体思维方式，形成了新的全球文化观念和全球意识。从而促使国家间、民族间、文化间、宗教间的空前融合发展，相互交往空前扩展，把全球都纳入到“世界体系”这个整体之中，为世界一体化奠定了思想基础。

随着国际经济交往的增加，国家间相互依存关系从深度和广度上都大大加强了，国家间相互的利益问题越来越多，加之产生的全球性问题，这二者都把世界各国、各组织和每个人都联系在一起，谁都离不开谁，开创了人类从大分裂到大融合的新局面，使人们共同性增强、差异性缩小，把各国的文明和文化都变成为全球的、全人类的。因此，全球化是走向世界一体化的逻辑前提，为大同社会的实现提供了历史舞台和条件，因为全球化最终目标与大同社会的最终目标存在着内在的一致性，当代的全球化现象就是世界大同发展的一个过程，我们要从历史发展的高度来参与全球化的进程。工业革命开始了机器大工业的发展，经济全球化形成了世界统一市场，把世界各国、各民族都联系在一起，各国的经济、政治、文化和宗教的构成元素都已经具有了全球的性质。

三、规制机制——全球治理

“全球化推动全球各处联系加深，出现了全球问题，产生了人类社会的共同利益，而单单依靠国家、国际组织、公民社会任何地方都不能加强联系，解决问题，实现利益，必须依靠各方合作的全球治理，以全球统治为旧式的一切框架都无法解决问题。一句话，全球化产生全球治理。过去的国际关系已经让位于‘全球社会’，整个世界正在由一组一组的国际关系逐步地演化形成崭新的‘全球社会’，‘我们只有一个地球’的‘地球村’这种‘全球社会’的产生与发展，由主权国家、正式国际组织、区域共同化组织和全球公民社会这四个主体结构，通过多种协议形成的一种规范系统来加深各主体结构之间的联系和理解，寻找共同点。开展全球合作，解决全球问题，实现人类共同利益。”① 全球化所要求的集中化、共同化就是全球共治，全球共治是多边共治，国家和非国家角色将权力集中于国际机制、建立国际制度，形成全球多边共治局面。欧盟的经验充分证明，跨越国界的集中是长期的利益融合、整合的过程。这个过程是通过全球多边治理形成全球体系和规制的过程，是实现世界有序规范运行的整合过程。

从目前看，这个治理是包括民族国家在内的上述四个行为结构主体的治理，也就是“没有政府的治理”，纠正了过去的单一国家垄断治理，而且把各个主权国家摆在了治理和被治理的范围之内。世界是多元的，全球权力主体包括非国家组织等各种行为体和多元力量都是合理的、平等的，各种行为主体具有人类社会的共同利益和共同责任，共同管理共同事务。在各个领域都要形成统一规制，创造一个多边共治的新模式。通过全球治理，在创造巨大物质文明的同时，开拓人类新的、更大的交往空间，共建天下和谐、共谋人类和睦共生，为建立世界政府和实现世界大同创造条件。

---

① 孙国强：《全球学》，贵阳：贵州人民出版社，2014年版，第428页。

第二节 欧盟、北美自贸区、东盟和非盟现在已经发展到在国家之上形成区域“联合主权”和“洲统一”趋向的阶段，已经成为建立世界政府实现世界大同的基础和范式

地球上共有七个洲，南极洲无人居住，其他六个洲都有建立在国家之上的不同形式的区域国家联盟和加盟国际经济合作组织。欧洲有欧盟，北美洲有北美自贸区，亚洲有东盟，非洲有非盟，南美洲国家也加盟了相关国际组织。人类从部落的“合群”到创制理想的共同体，再到现在已经发展到了在国家之上建立全球性和区域性共同体，在地理范围内已经趋向“洲统一”和“区域一体化”的新阶段，在政治上国家权力已经形成了与全球多种政治行为体的“联合主权”和“主权共享”的新阶段，这些社会发展的事实体现了人类社会有机体“无形的手”作用力的自组织、自平衡和自修复的特征，使国家进化始终朝着文明进步的方向发展。现今的全球化其重要意义不仅在于共同体制度创新，而且在于为共同体扩展、建立世界政府铺平道路，是成功的“超国家政府”的范式，说明人类找到了一条国家进化的路径，为建立“世界政府”奠定了“世界社会身份”和“世界文化认同”的基础。同时，区域共同体对“世界政府认同过渡”具有借鉴意义，特别是不同形式的区域国家联盟都为建立世界政府在体制机制上提供了重要实践性参考。

一、区域共同体是走向世界一体和"世界大同"的先行者

现代国家从欧洲的主权国家的"联合主权"制度的"创制"经历了数百年，欧盟作为民族国家的统一融合经历了数十年。大融合的欧洲走到今天，说明欧洲人和欧洲国家早就形成了"主权共享"理念，成为全球放弃狭隘性、增强包容性、融合多样性的典范。例如，欧盟每年要代表加盟国向全球各国签署协议和公约50多项，其他几个区域国家联盟代表加盟国对外签署的协议和公约也不在少数，这就充分说明"联合主权"、"主权共享"是国家进化的必由之路。欧洲是一个人杰地灵的地方，早期的哲学家、政治家对统一的大欧洲的创建起到了启蒙的作用。莫尔的《乌托邦》提出"公有制"、卢梭的《社会契约论》将"公意"潜入国家，傅立叶和圣西门的"空想社会主义"、马克思提出"共产主义"理念、斯宾格勒和汤因比的"文明社会"等为形成"大一统欧洲"理念和建立"超政府体系"奠定了基础。现在，欧盟基本实现了先哲们的统一梦想。这一成功的社会实践启示我们，欧洲从近代以来引领的世界发展潮流，现在成了建立"世界政府"的试验区和示范者，是实现世界大同的模板。欧盟的成功以铁的事实，验证了"世界大同"并非是异想天开的"乌托邦"，而是可以实现的理想。现在，世界各大洲基本实现了世界各区域共同体的构建，并向"全球一统"的国际制度的方向发展，这是欧盟的最大贡献。可以预见，全球一定还会有各式各样的共同体的产生，并形成国家权力从内涵到外延的更大变化，这种变化说明人类是朝着"世界一体化"的方向发

展的。社会学家张全义通过对比后说："'电子政府'的出现只能为过渡到'世界国家'提供一种相象或可能的佐证，而'区域共同体'扩展的事实则在实践上为'世界国家'的到来提供参照的依据。"[①]

欧洲模式给我们的启示是积极的，应当输出、传导全世界，教化全人类，引领其他民族国家树立"主权共享"理念，放弃"国家绝对主权"观念，走"世界一体化"之路。"欧洲创造了什么？它创造了我曾提到的建立在主权共享理念基础上的后现代认同。"[②]欧洲已经为世界和平统一、人类融合发展起到了示范带头作用，目前世界其他领域和国家也要注重研究和破解民族融合、宗教融合和国家融合的课题，借鉴和套用欧洲模式加速共同体建设，为本地区融合和世界融合发展作出贡献。欧洲也应当尽到国际主义义务，担负起推进世界和平统一、和平融合的责任，如同欧洲把工业文明向全世界各国传导那样，应当把"欧盟统一模式"传导到世界各个国家，共同走向没有战争、没有军备竞赛的人类利益共同体的光明之路。虽然世界政府具有世界性，但国家进化原理是相融的，世界的发展应该学习借鉴欧盟模式的普世意义及其先进性、合理性。

---

① 张全义：《世界国家生成机理初探》，北京：光明日报出版社，2010年版，第308页。

② [英]安东尼·吉登斯：《全球化时代的民族国家：吉登斯讲演录》，郭忠华译，南京：江苏人民出版社，2012年版，第302页。

二、区域共同体是世界政治前途的希望之光

欧洲即将实现"洲统一"，可谓历尽沧桑，但乐观的是已经基本实现了先行者的"欧洲统一梦"和"主权共享梦"。近代以来，欧洲开启了全球探索，并把自己的做法和价值观向世界各地传播。"每个世纪，欧洲都改变了自己的内部结构。今天欧洲处于一个时代的巅峰。为了融入这一时代，欧洲认为有必要舍弃过去三个半世纪里指导其行为的政治机制。为了减轻德国新近统一造成的冲击，2002 年新成立的欧洲联盟推出了共同货币，2004 年又搭建了正式的政治结构，宣布欧洲是统一、完整和自由的，它将通过和平机制协调成员国之间的分歧。"① 欧洲先哲们早就有实现欧洲统一的梦想，也早已经淡化了国家和国界在传统上的作用和意义，早就改变了主权国家的绝对权威的观念，走相互包容、和而不同之路，这是人类社会发展史上的一个大发明和大进步，具有里程碑的意义。现在，欧共体还在探索和完善，他们已经基本实现了欧洲先贤和先驱们提出的"欧洲统一"的超群理想，已经实现了 1944 年欧洲无私无畏的理想主义者反法西斯抵抗运动战士们在日内瓦通过的《关于欧洲联邦的宣言草案》，实现了战士们呼吁的"放弃绝对国家主权"的伟大理想。人类必将沿着宣言指出的人类发展的大方向前进，也永远感谢那些无私无畏的战士们。人类向何处去的出路他们已经找到了，这就是"欧洲统一"之路。自从欧洲各国正式签署了

① [美] 亨利·基辛格:《世界秩序》，胡利平等译，北京：中信出版社，2015 年版，第 107—108 页。

《里斯本条约》，欧洲在经济一体化的基础上实现了政治一体化，运作更加民主化，扩大了决策范围，简化了决策过程。这将有助于欧盟的安全和防务。对促进世界和平、改变世界政治前途和民族国家命运都起到有益的作用，探索出了世界大统一、大融合的可复制、可推广的经验。欧洲议会、欧洲宪法、欧元等都标志着“国界”的模糊，也预示着欧洲的民族国家即将完成历史使命。欧盟是一个“欧洲联合国”，完全可以作为世界性的联合国过渡到“世界政府”、实现“世界大同”的范式和建构终极“人类命运共同体”的认识模式和规范模式。

“但是对于那些相信21世纪的世界只有通过建立一个新型的全球政府才能繁荣（甚至生存）的人来说，欧盟确实起到了振奋人心的作用。欧盟是到目前为止全世界最为领先的‘超国家政府’，也就是说，欧盟的法律和治理结构的权限超越了国界，超越了‘国家主权’的原则。正如欧盟的创始人让·莫内就相信，欧洲联盟‘本身并不意味着终点，而只是世界迈向有序未来的一步’。在布鲁塞尔，它的接班人视欧盟‘超国家政府’的品牌为一个全球应该效仿的模型，而且对这种说法毫不避讳。”①可见，欧盟既是区域化的范式，又是“超国家政府”的范式。区域经济、政治一体化的另一个重大意义，在于它为世界统一融合发展开创了一个新的形式——和平融合机制。克服了国家体系之间无序竞争而导致的地区失衡和世界失衡，代

① ［英］吉迪思·拉赫曼：《世界30年：全球政治、权力和繁荣的演变》，曹槟、高婧译，北京：中信出版社，2012年版，第202页。

表了人类社会制度的进化方向和进化路径。目前，在欧盟的带动下，各大洲、各区域正在复制、推广"和平融合机制"。例如，由20国加入的"二十国集团"、由21个成员加入的亚太经济合作组织、由5个国家加入的金砖国家、由3个北美国家加入的北美自由贸易区、由10个亚洲国家加入的东南亚国家联盟、由非洲90%的国家加入的非洲联盟等组织，它们的启示意义都是积极的，代表了国家未来进化的大方向和国家现实利益的实现形式。特别是欧盟的外在形式如政府、首都、银行、议会、宪法、法院、货币、外交、军队（如北约一体化军队）超国家治理模式等，说明"大欧洲"的完全统一大有希望。各区域的统一为世界统一铺路搭桥，说明建立世界政府也将大有希望。

三、区域共同体是世界大统一、国家大联合、文化大融合的范式

"我们这个世界正在经历着不可逆转的大融合，大融合所释放出来的诸多力量压缩着这个世界。""因为万物归一：大融合不可逆转，这就是未来几十年里的新动力。"[①] 世界大融合趋势之所以是不可逆转的，就是因为它符合"万物归一"的原理和人类合群的本性。

全球化、区域化已经成为时代的潮流，加之交通工具的现代化、通信的现代化，推动了世界社会大发展、文化大交流、科技大传播，带动了一场更雄伟壮阔的生产力发展的大革命，

① ［新加坡］马凯硕：《大融合：东方、西方，与世界的逻辑》，韦民等译，海口：海南出版社，2013年版，第14—15页。

一个区域性、世界性大融合的浪潮正在汹涌而至，反映了从区域融合走向世界融合是人类文明本身的诉求。随着全球化的无国界发展，世界各国政府间往来和民间往来空前增多，世界各民族在长期的、密切的经济联系、社会政治往来、文化交流的过程中，不断扩展交往范围，自然而然地朝着大融合方向发展。在历史上，民族的融合是一直在进行的过程，全球从成千上万个民族融合为现在的2000多个民族。历史证明，民族融合和文化融合发展，是一种社会进步，也是民族的必然归宿。随着世界经济一体化发展的进程加快，国家大联盟发展方式成为必然要求。因此，世界各国在寻求冲破国界进行大格局发展方面，不但在理论上取得重大突破，而且在实践上取得重大进展，这就是加入各种国际组织、组建新的国际政治经济组织，使国际组织成为各个国家增强实力、实现利益的重要场所，并为全球合作、区域合作、多边合作和双边合作搭设桥梁，促使世界大统一、人类大融合。从区域联合到全球联合是人类发展的大方向，因为世界利益的整体性、人类利益的整体性是不可分割的。“反过来讲，欧盟给我们的启示意义是积极的，就‘世界国家’而言，欧洲的认同模板的确起到了一种示范作用。”[①] 张全义认为，“欧洲认同”的现实昭示：区域共同体大发展；“欧洲认同”的未来启示对“世界政府的认同过渡”极富指导意义。

---

① 张全义：《世界国家生成机理初探》，北京：光明日报出版社，2010年版，第313页。

第八章　本千年国家在"联合主权"的扩展和取代下将完全消失，建立"联合国世界中央政府"，进入"世界大同"

人类憧憬"大同社会"，深信全球化的结果只能是 "大同社会"。这是因为，全球化已经把民族国家推向与全球多种政治行为体"联合主权"和"主权共享"的新阶段，促进世界从联合国直接过渡到"联合国世界中央政府"。"过渡时期适合我们的时代，主要原因在于它处于两者之间。""每一个时代都是通向下一个时代的桥梁。"[①] 这个桥梁就是全球化时代，它将是我们渡往世界大同的方舟。张全义也说："我们有必要回到现实中来，探讨'世界国家'的过渡问题。"[②] 至此，人类将从原始大同进化到初级大同再过渡到高级大同，实现人类终极理想社会。

① 孙国强：《全球学》，贵阳：贵州人民出版社，2014 年版，第 442 页。

② 张全义：《世界国家生成机理初探》，北京：光明日报出版社，2010 年版，第 297 页。

第一节　本千年中前期将从联合国直接过渡到“世界中央政府”并进入“初级大同社会”

世界大同、世界国家的梦想，凝聚了数千年仁人志士的夙愿，体现了人类的共同期盼。“事实上，马克思主义关于科学社会主义的论证也同样闪烁着世界国家的思想，尽管在内涵上它们两者有着比较大的区别。”① 全球化、区域化和企业国际化的发展，已经为建立世界政府、实现世界大同奠定了坚实的社会基础，无论喜欢与否，它迟早是要出现的。在过去的70年里，联合国不负使命，实现了世界总体上的天下太平，历史地证明了它将是世界政府的理想选择。在全球化新时代，联合国要再造权威，敢于担当，真正成为全球政治、经济、环境、人道主义和解决全球性问题的核心平台、多边外交的中心和各国交流合作的中心，为登上“世界国家机器”舞台赢得新的认同。

一、从联合国直接过渡到“世界中央政府”已经水到渠成

进入21世纪，建立在国家之上的国际组织数目的增加和重要性的提高，已经成为世界政治最显著的特点，最引人注目的机构有联合国、世界银行、世界贸易组织和国际货币基金组织等，它们为解决国家间合作问题提供了一个框架和平台；其

① 张全义：《世界国家生成机理初探》，北京：光明日报出版社，2010年版，第284页。

他国际组织在特定领域发挥着特殊的作用。联合国是真正推举的全球机构，具有独特的国际公认特征。联合国组织机构增多，权力扩大，工作范围扩展，职能作用增强，已经成为世界体系的中心，是世界政治前途的希望。"70年来，联合国积极应对全球挑战，为80个国家9000万人提供粮食；为全世界58%的儿童接种疫苗，每年挽救300万人；为逃离战火、饥饿或迫害的3870万难民和人民提供援助；与193个国家合作应对气候变化，使发展具有可持续能力；在4大洲16项行动中有12万名维和人员在维持和平；消除贫困，帮助4.2亿农村穷人过上更好的生活；切实地并通过大约80项条约和宣言保护及促进人权；筹措人道主义援助220亿美元，帮助受紧急情况影响的人；利用外交手段防止冲突，每年援助约60个国家进行选举；促进孕产妇保障，每年拯救3000万妇女的生命。"[①]70年来，联合国以"集体安全"为己任，通过大量调停、斡旋和协调等化解矛盾和纠纷，在维护和平、促成和平、执行和平和建设和平方面取得卓越成绩。由此可见，联合国是世界和平的"压舱石"，减贫扶困的"推进器"。实践证明，联合国是世界唯一能够担当"世界政府"这一重任的世界性政治共同体，"世界政府"的伟大使命历史地落在了联合国的肩上，这是全世界人民对联合国的信任，是各国各民族人民的重托，也是各成员国的众望所归。全世界各个国家、各个民族都要以人类长远利益和永续生存发

① 张贵洪：《联合国更强大，世界更美好：纪念联合国成立七十周年文集》，北京：时事出版社，2016年版。

展为重，积极配合联合国逐渐做好“世界政府”的“认同”和“过渡”。

从现在的联合国向“世界中央政府”过渡，这是一个重大的历史定位和历史选择。因为超国家的联合国是代表几乎占世界所有国家（193 个成员国）意愿而成立的，中心命题不仅仅是制止战争与提升和平理念，而是创建真正的“世界联盟”或“世界共同体”、安排和平安全机制和形成制裁侵略机制，这是世界上第一个人类自组织的机构，践行了世界持久和平、国际合作的宗旨，具有“宪法”地位，实际上早已经成为世界体系的一个不变的政治核心，对管理全球社会已经取得了丰富经验，具备了“世界政府”管理的职能和范式。1997 年，联合国秘书长科菲·安南领导和进行了一系列改革，目标是加强联合国运作的协调统一性。接下来的改革始于 2005 年的世界领导人峰会，会上重审了高效多边体系的重要性。正如中国联合国协会理事张贵洪所说：“在成立后的六十多年里，联合国究竟起了怎样的作用呢？综合起来看，它的作用主要有五点：一是作为一面镜子，反映了国际形势的变化，折射了国际格局的演变；二是作为一个论坛，反映了世界上各种各样的声音；三是作为多边外交最活跃的舞台；四是一个国际合作的平台；五是国际行动合法性的象征。”“正如人们常常说的一句话：‘联合国不能够把人类带到天堂去，但是联合国可以避免人类走向地狱。’”①

① 张贵洪、郭峰铖主编：《中国、联合国与全球治理》，北京：时事出版社，2014 年版，第 2 页。

两次世界大战就是人间地狱，约有1亿人失去生命，正是基于对人类浩劫历史的痛定思痛，联合国应运而生。70多年的实践证明，联合国成功地避免了人类走向地狱，像“诺亚方舟”那样从战争中拯救了人类，真正成为“自助性质”的民族国家及其国民在无政府世界环境下生存和发展的靠山和保护伞。如今，联合国带领世界各国推动全球化、开展全球治理和致力于解决“全球性问题”，这就是要把人类带向“天堂”——“大同世界”。

为什么采取从联合国直接过渡的形式，而不再经过创建“世界共同体”作为向“世界中央政府”过渡的基础？这是因为，联合国与会员国已经构成了世界共同体关系，而且就是实实在在的建立在国家之上的“政治体”，也具有由会员国和非政府国际组织构成的庞大的“世界政治社会”，并非是有的学者所说的“只有世界头脑而没有世界躯干”。毫不讳言，在向世界中央政府的过渡中，还要面临诸多不平衡问题的解决和各国各区域相互之间差别的缩小、世界一体化普遍意志的树立、建立世界政府文化条件的培育。同时，世界观念上存在的不同、信仰和意识形态上存在的不同、文化价值观上存在的不同、利益追求上存在的不同等，这些问题都是过渡中的问题，只能在过渡中去解决，也就是前进中的问题要在前进中解决。联合国直接过渡到“世界中央政府”条件已经成熟。

二、联合国是唯一能够担当“世界中央政府”重任的政治共同体

超国家政治共同体联合国的成立，正如联合国徽标上橄榄枝叶环绕地球的图案，象征着对世界和平的向往。《圣经·创世纪》中有则故事，可以用来比喻联合国把人类从自相残杀的战争中带到天下太平的世界。故事说，亚当和夏娃因为偷吃禁果被驱逐出伊甸园。他们的儿子该隐诛弟，打开了天下相互残杀的局面，给人世间留下无尽的仇恨和无休止的强暴，唯有诺亚是公平、正义、仁爱之人。上帝看到人类的种种罪恶愤怒至极，决定用洪水毁灭这个已经败坏不堪的世界，只给诺亚留下有限的生灵，并传授知识，要求诺亚赶紧制造方舟。诺亚花了 120 年造成了一只庞大的方舟。并按照上帝的旨意，把全家八口人和飞禽走兽迁移进去。7 天后洪水自天而降，40 个昼夜不退，世界上一切生物统统遭到灭顶之灾。唯有诺亚方舟载着诺亚全家和飞禽走兽停泊在大山之巅。诺亚放飞了信鸽，信鸽口衔绿色橄榄枝叶飞了回来，说明天下洪水已经完全消退。在苏美尔、巴比伦、希腊、罗马都有在洪水中一家人获救的传说，中国古代也有伏羲女娲兄妹在洪水中获救的故事。这些天降洪水的记忆是人类对过去岁月的描述，反映了对未来美好世界的渴望。近代以来，“上帝”将因人类战争灾难和生态失衡等“偷吃禁果”问题造成几乎让人类文明世界毁于一旦而发怒，在人类要被逐出“伊甸园”的紧要关头，联合国的成立和所传送的信息，恰似口衔绿色橄榄枝叶的和平神鸽从天而降，传递了世界从战争走向和平的喜讯。这个信息就是唤起全人类觉醒，必须进行

一场人类行为的大变革，构建拯救人类的“诺亚方舟”，消除人类灭顶之灾，协同治理全球秩序，以和平融合的方式实现世界和平统一，把人类先贤向往的“世界大同”变为现实。事实上，从20世纪中叶联合国成立开始，我们就开始超越“民族国家”而朝着“世界中央政府”的方向过渡，这是因为，世界大法《联合国宪章》和联合国各相关机构的宗旨都是建立在人类整体论和人类共同利益论的基础之上的。

联合国过渡到“世界中央政府”，就是采取“和平融合机制”的演变形式，在联合国基础上组建“联合国世界中央政府”。联合国拥有70多年的世界管控经验，拥有坚实的政治基础，它的代表性、权威性和号召力是其他国际组织或新兴的国际合作机制无法比拟的，更不存在被边缘化的危险。从联合国直接过渡的方式，路径最便捷、成本代价最低、对抗阻力最小，基本不会有反复。当然，联合国组织机构和人员是动态的，是与时俱进的，可以根据不同阶段的需要不断进行改革、调整、整顿和提高，从而适应不同阶段、不同职能的需要。我们坚信，不论现在还是将来任何组织和个人企图取代联合国都是不可能实现的。如果采取另起炉灶的方式组建“世界政府”，不但把二战后的一切努力化为泡影，而且有可能造成世界大乱，将重新陷入世界大战的灾难之中，造成人类文明发展的大倒退、大延后，全世界人民就将吃战争的二茬苦、受动乱的二遍罪。人们不会忘记在25年中发生了两次世界大战，这是世界的大悲哀，是人类的大不幸。究其原因，就是世界的无政府和无法治状态，才给人类酿成了苦果。回顾历史是为了指导现实。正反两个方面的经验教训告诉我们，现实世界和未来世界都不能没有“中央政府”的最高权威，不能没有“世界法治”。

联合国具有广泛的代表性，这是全世界公认的。联合国是唯一能够代表几乎占世界所有国家的世界性政府间国际组织。联合国在世界上诞生后，以地球边界为边界管理国际事务，各机构以“集体安全”为使命，不断扩展“世界体系”，建立“世界制度”与和平机制，普及和平理念，传播共同发展思想。特别是在20世纪60年代的非殖民化、70年代的第三世界兴起、80年代的“冷战”、“9·11”事件以来安全领域的国际合作、新世纪以来的全球多边协同治理中，联合国为实现历史上最长的70多年无大战的和平时期作出了重要贡献更值得称道。联合国在国际事务中的地位不断提高，作用不断增强，已经是不可替代的世界政治中心。因此，联合国是当今世界规模最大、最有权威、最有代表性、最具号召力的世界性政府间国际组织。目前，世界上还有国家正在申请加入联合国组织，国际社会把国家加入或没有加入联合国作为承认与不承认、合法与不合法的唯一标准，可见联合国的地位和作用非常重要。联合国的规模如此巨大，影响力如此广泛，在70多年的此消彼长、风云变幻中由小到大、由弱到强，现在的作用仍在继续增强。因此，联合国具备了直接过渡到“联合国世界中央政府”的基础、条件和优势：有了联合国这个真正的世界主权国家联盟的创制基础，有了安理会这个和平机制和制裁侵略的“牙齿”，有了《联合国宪章》这个可遵循的世界规范，有了以“集体安全”为己任的政治中心，特别是具有其他国际组织所不具备的公信力、道义权威和与生俱来的公平正义，等等。这就是我们设计从联合国直接过渡到“世界中央政府”的体制性框架的依据。

三、“世界中央政府”的雏形从实质内容到外在形式早已形成

联合国是超国家、超政府的机构，即“世界中央政府”的基本架构。实际上，从 1945 年联合国创建起，“世界政府”理念以及“世界政府”的权力机关和暴力机制的框架已经基本形成，比如联合国六大机构（联合国大会、安理会、托管理事会、秘书处、经济及社会理事会、国际法院），还有世界贸易组织、世界卫生组织、联合国维和部队等，从形式上看，“世界政府”客观上已经存在了。联合国组织主体和 18 个专门机构、附属组织和数千个分支国际组织，构成了庞大体系，目前已经涵盖全球经济、社会、科技、文化、教育、卫生、生态等所有领域。从国际体系和制度看，超国家政府联盟、联合国机制、世界贸易组织、国际法院、世界军队（联合国维和部队）等基本健全，这些机构从内容到形式都将是未来“世界政府”的体制机制和基本架构。

联合国组织还是一个开放性的政治组织，与世界性非政府间国际组织、区域性政府间国际组织构成了密不可分的活动关系。非政府间国际组织代表世界民间组织和全球公民社会参加联合国相关会议，提出意见和建议，参与联合国各种事务。可

见，联合国是一个非封闭性的、民主程度很高的政治组织，不但是主权国家间最重要的国际组织，而且充分发挥非政府间国际组织的巨大作用，使联合国具有更加广泛的代表性和一呼百应的强大号召力。同时，这也为联合国创造一种民主平等、公平公正的环境和生动活泼的国际事务运作氛围。目前，联合国几乎拥有和代表全球所有国家和全球各种社会组织的意志。由此表明，联合国具有高度合法性、高度权威性，随着时间的推移和管理国际事务实践的增多，必将成为未来统领全球的领导中心——“世界中央政府”。但是，从未来世界国家的角度讲，目前联合国也不是尽善尽美的，需要从多方面进行改革，如宪章、组织机构、功能与作用的健全与完善等。同时，在未来全球化中联合国要以新理念、新机制和新角色不断开创管理国际事务新局面，统领全球两个大局：即政治与安全的“高级政治”领域的事务、经济与发展的“低级政治”领域的事务中扮演主导角色，为承载更重要的使命“世界中央政府”的角色奠定基础。联合国为了增强世界社会的“过渡认同”，还要重点在加强国际安全领域合作上有新建树，在协调国家间关系上有新建树，在推进国际社会共同发展上有新建树。

四、联合国以“联合主权”形式逐渐取代民族国家主权，建立“联合国世界中央政府”

在全球化时代，联合国所属国际组织的职能和作用不断增强，而民族国家主权的消减和权力中心的变迁，相比之下说明民族国家职能最终将被联合国取代，民族国家将把主权一步一步移交给联合国，无须依靠强力方式建立“世界政府”。因为国际法对所有国家一律有约束和限制的作用，各国必须受国际的支配，未来也就不可能有各国的绝对主权。国家体系的部分主权将让位于国际体系，对原有的规则和国际规范进行彻底改革，不断完善普及新形成的规制，建立和实施“世界制度”并达到普遍认同。其实，维持国际秩序的最好办法如同维持民族国家国内秩序一样，就是建立起一个最高权威。这个权威就是通过联合国不断增强自己权力的产物——来自民族国家主权让渡所形成的“联合主权”。实际上，民族国家的主权早就已经向上、向下、向外散失，所谓“联合主权”也不是笔者的发明创造，早已经在世界上全面启动和运作，它的结果是什么？必定是“世界中央政府”的诞生。

“世界中央政府”以“和平融合机制”和“联合主权”作为实现形式，循序渐进地进行世界政治体制改制，从而实现联合国向“世界中央政府”直接过渡。这个实现形式，是以全球化五大力量为动力，以区域化、企业国际化为范例，以民族国家主权分散化为契机，以“联合主权”取代单一的国家主权为方法，改革以民族国家为主体的世界体制和秩序结构，实现从联合国直接向“世界中央政府”过渡，进入“世界大同”理想社会。这场变革，没有枪声、没有强力，而是早已开始的民族国家主权的让渡、限制和转移所形成的“联合主权”的继续，也是民族国家自行走向消亡的继续。“世界中央政府”的生成路径是“三步走”和“八原则”。

三步走：（1）在对联合国进行改革和民族国家的部分主权让渡的基础上，建立确保《联合国宪章》维持世界和平所需要的法制性“联合主权”和“主权共享”的体制机制。这个方案并非一开始就消除民族国家，而是对民族国家主权进行合理的限制，在较长时期的运行后民族国家再交出一部分主权；在联合国取得民族国家51%以上主权的前提下进行国际立法；再经过较长时段的过渡时期，彻底改革主权国家的规则和国际规范，民族国家就会逐渐自愿放弃国家全部主权，这就意味着民族国家退出了历史舞台。（2）正式建立“世界中央政府”，健全“世界中央政府”领导机构，制定“世界宪法”和“世界法律”，联合国向“国家机器”角色转变。完善“国家机器”但要以社会“运转和调控”为主，以暴力为辅，实行世界政府善治新政，控制党、军、政等各种权力：立法权、行政权、司法权和实施法律所必需的强制权力，从顶层到基层建立具有强制管辖权的世界性质的“宪法法院”和各级公检法机构。（3）建立和健全全球各级管理机构和配备相应管理人员，从上到下建章立制，树立“世界中央政府”最高管理权威，全世界服从于“世界中央政府”绝对统一领导，形成高度统一的全球治理常态化机制，进入“初级大同社会”阶段。这个阶段是漫长的物质财富、精神财富、社会财富和自然财富的创造和积累的阶段，是全人类的精神道德培养和升华的阶段，经过长时期的过渡后“世界中央政府”职能逐渐转变为生产管理，“世界中央政府”将随国家职能的消失而自行消亡，人类社会逐渐过渡到“高级世界大同”社会形态，即进入自由人联合体的“去国自治”阶段。

八原则：（1）国际立法和国内法融合而取代民族国家法律。（2）建立各大洲、各区域一直到市、镇等基层的多层管理体制，普选产生各级领导人取代民族国家管理体制。（3）以“世界中央政府”军事力量集中于合法维护世界社会稳定，从而取代民族国家军事武装力量。（4）“世界中央政府”的社会制度超越现存任何社会制度，不以“民主共和”、“合众共和”等任何现存的国家形式、现有制度为坐标，建立最优越的创新型理想社会制度——初级大同社会制度。（5）“世界中央政府”的文明形态是多元文明体之间、多维文明体内部的文明竞相发展，保持各种文明的发展活力，同时朝着兼容并蓄的“世界一元文明”的方向发展；倡导不同民族精神的大融合，形成共同的人类精神；伦理道德从国家、民族道德逐渐演变为人类道德、世界主义道德取代原国家道德和民族道德，形成人类共同价值观和共同利益观。（6）进入“世界中央政府”阶段要根据对权利和利益的诉求改进措施，逐渐缩小地球自然资源、人口、地理条件、气候条件的地区差别，逐渐从不平衡走向平衡，并努力实现国家利益、区域利益与世界利益的统一。（7）“世界中央政府”为了完成所肩负的使命而暂不排除暴力，但要尽量减少使用暴力，把规范、合法使用暴力作为“世界中央政府”追求秩序和价值的“调控器”，同时要创造条件废除暴力。（8）“世界中央政府”实行德治与法治相结合，变原来民族国家的统治为世界治理，并要在个人层面上形成“新人类道德规范”和“新人类行为规则”，在社会层面上形成“新世界法规制度”和“新世界公共守则”，在世界国家层面上形成“善治施政”、“人权治国”和“民权理政”，从而增强对世界政府的普遍认同。

五、“世界中央政府”建立后世界将进入“初级大同社会”

巴里·布赞说：“如今的国际社会仍然是一种‘混合物’，国际社会也缺少一个真正起作用的世界政府。”[①] 他认为，世界政治组合形式不是武力征服的世界帝国，而是建立在共识基础上的世界政府，是逐渐形成的，可能是通过联合国不断增强自己的权力而产生的；可能是由于国家自己同意放弃各自的主权，或者是在非政治领域内的主权受到了侵蚀。总之，“世界中央政府”的产生是历史进步的必然结果，有助于正确地治理人类环境，更好地走向世界有序的道路，把各国人民团结在世界社会之中。现在的国家体系也正在让位于世界政治组合形式。理查德·A. 福尔克在《这个处于危险境地的星球》一文中认为：（1）国家体系已经不能够保障世界和平与安全，无助于维持一个最低限度的世界秩序。（2）国家体系无助于实现国家间或国家内部的经济社会公正目标。（3）国家体系阻碍了实现自己与环境和谐共处的生态目标，人口、粮食、资源等问题只有全球性路径才能解决。世界政府的存在，至少会阻止大规模的暴力

① ［英］巴里·布赞：《从国际体系到国际社会：结构现实主义、体制理论与英国学派》，陈志瑞、周桂银译，北京：北京大学出版社，2006 年版，第 285 页。

行为。国际社会的未来要注重发展世界性文化，包括共同的观念、共同的价值观念根植于所有社会。世界性文化具有真正的普世性，必须成为国际社会赖以生存的基础。① 因此，"世界中央政府"的产生是历史进步的必然结果，是人心所向。亚历山大·温特曾在 1992 年、1999 年、2004 年多次谈到了人类社会进步的必然性，他在 2003 年出版的《世界国家的出现是历史的必然》一书中再次断言，"世界国家在 100—200 年出现是极有可能的"。② 从本源上而言，这是人类的理想和意义使然，也是人类社会组织形式不断进步的要求。我们构想的"初级大同社会"的重要特征是：经济发展、政治清明、文化昌盛、社会公正、生态良好、天下和谐、世界太平、人类和睦的理想社会。

第二节　本千年中期民族国家和国界将完全消失，"联合国世界中央政府"将向"高级大同社会"过渡

一、未来民族国家将自行消亡，职能由"世界中央政府"取代

未来人类何去何从？这引起了世界上众多学者的讨论，他们提出了各种各样的观点，焦点集中在世界政府、世界公民社会和全球治理三个方面。

第一，世界政府的架构。阿诺尔德·汤因比说："必须剥夺

① ［英］赫德利·布尔：《无政府社会：世界政治中的秩序研究》，张小明译，上海：上海人民出版社，2015 年版。

② ［德］赫费：《全球时代的民主》，庞学铨、李张林、高靖生译，上海：上海译文出版社，2014 年版，序。

地方主权。一切都要服从于全球的世界政府的主权。”[①]有的学者还提出建立一个拥有世界政府职能的世界组织这一体制性框架。民族国家将失去它存在的价值而“光荣退休”，在“后民族国家的时代”部分职能将逐渐由超国家机构的“世界中央政府”代替。

第二，“世界大同”的设想。有的学者提出由国家主权式微演化为“世界公民社会”，直接进入“去国自治”社会，类似“世界大同”。

第三，全球治理的构想。正如社会学家张全义所说的：“世界政府的作用在于治理、协调和监管，无论喜欢与否，它迟早是要出现的。”[②]在全球化进程中，民族国家的界限和主权范围等迟早是要被打破的。所以，民族国家的现实选择只能是顺应大潮走世界性和区域性“联合主权”的道路，积极参与、协同治理全球政治经济秩序，从而实现国家的现实目标并走向世界一体化道路。“联合主权”是不可抗拒的国家进化规律。我们认为，民族国家无论走哪条道路，最终都是自行消亡而不是人为消除。民族国家将在本千年中期被“世界中央政府”逐渐取代，实现“世界大同”。

---

① ［美］阿诺尔德·汤因比等：《展望二十一世纪——汤因比与池田大作对话录》，荀春生、朱继征译，北京：国际文化出版公司，1985 年版，第 217 页。

② 张全义：《世界国家生成机理初探》，北京：光明日报出版社，2010 年版，第 287 页。

二、全球化的现实结果只能是民族国家走"联合主权"道路

恩格斯在1884年所写的《家庭、私有制和国家的起源》一书中早就提出"国家的消失"的科学诊断。从恩格斯的论述中抽象出有关国家消亡学说的两个基本命题：政治国家消亡定律和社会公共管理职能回归定律，二者是辩证统一的关系，国家因职能存在而存在，因职能消失而消失。"国家并不是从来就有的。曾经有过不需要国家、而且根本不知国家和国家权力为何物的社会。在经济发展到一定阶段而必然使社会分裂为阶级时，国家就由于这种分裂而成为必要了。现在我们正在以迅速的步伐走向这样的生产发展阶段，在这个阶段上，这些阶级的存在不仅不再必要，而且成了生产的直接障碍。阶级不可避免地要消失，国家也不可避免地要消失。以生产者自由平等的联合体为基础的、按新方式来组织生产的社会，将把全部国家机器放到它应该去的地方，即放到古物陈列馆去，同纺车和青铜斧陈列在一起。"[①]我们认为恩格斯的"生产力发展的阶段"正是当今世界生产力高度发展的全球化阶段，也就是恩格斯说的国家已经成为生产的直接障碍的阶段和不可避免地走向消亡的阶段。

自从1648年签订了《威斯特伐利亚和约》，国家主权观念和民族国家在国际关系中的最高权威被确立起来。然而，20世纪70年代以来全球化的深入发展，在理论上不断地冲击着原有的民族国家主权观念和主权理论，在实践上改变着民族国家的

① 《马克思恩格斯选集（第4卷）》，北京：人民出版社，1971年版，第170页。

权力中心地位，改变着以国家为中心的国际体系和世界社会政治结构，使传统的国际政治逐步向世界政治转变。为此，一些学者提出了“去国家”“去疆界”的种种观点，这些观点有的失之偏颇，有的接近于马克思创立的国家消亡的命题。卡尔·施密特断言，国家时代正在走向终结，继尼采的名言“上帝已死”之后，接下来该宣告现代国家死亡了。[①]他们认为，民族国家将由世界政府所取代，一个“后民族国家的时代”已经到来。实际上，在全球化时代，国家主权观念、主权理论和主权实践都受到前所未有的挑战，这就是人类从分散到聚合、从战争到和平、从“原始大同社会”到“高级大同社会”不可逾越的阶段。国家只是一个自然历史过程。国家和主权本身都是人为的产物，主权的有效性就是《威斯特伐利亚和约》，《威斯特伐利亚和约》失效则主权消失。《威斯特伐利亚和约》是欧洲制定、全球仿效的，但现在的欧洲已经放弃了绝对主权。所以，如果现代国家固守绝对主权和不认同“相对主权”，就会成为世界的无政府结构，就会成为生产力发展的“革命对象”。

其实，全球化的过程也是民族国家将国家主权一步步移交给国际机制的过程，但这个过程不是一次或两次全球化，而是多次这样的全球化后才能实现。但是，可以肯定的是，全球化的最终结果只能是国家消亡、实现大同，否则就不能称其为“全球化”了。在全球化不断深入发展的时代，民族国家的“围城”

---

① ［英］吉迪思·拉赫曼：《世界30年：全球政治、权力和繁荣的演变》，曹槟、高婧译，北京：中信出版社，2012年版，第203页。

与经济全球化、政治全球化和文化全球化的矛盾越来越突出。比如，如今的全球金融危机、欧债危机、生态危机、资源危机、难民危机、战争危机、恐怖危机等，这些问题的出现暴露了以民族国家为主体的世界体制的弊端。同时，这些现实问题的存在佐证了全球化的最终结果就是民族国家走向消亡、实现大同社会。

三、民族国家和国界完全消失后“联合国世界中央政府”向“高级大同社会”形态过渡

欧盟趋向“超国家政府”，是一个地区性的“联合国”，已经是政府联合体制的范式，极大地带动了全球各个区域国家联盟的发展。它启示我们，民族国家必须“放弃绝对主权”，顺应潮流，走“联合主权”“主权共享”的道路，为建立“世界中央政府”奠定基础。从长远看，区域化是全球化的组成部分，区域化不但改变着地区面貌，而且是通向国家消亡、实现世界一体化、建立世界政府的阶梯。由此不难判断，民族国家的消亡方式，可以是国家与国家的大联合，可以是区域与区域的大联合，可以是民族国家自动放弃主权，可以是民族国家自行消亡，也可以是联合国权力增强而直接取代等形式。我们的观点是由联合国直接过渡。“因为就现实而言，我们的‘国际社会’已经超越了‘主权国家’正朝着‘国界国家’过渡，尽管离真正意

义的世界国家还十分遥远。”①

民族国家的消亡是一个漫长的和平融合的过程，还需要经历多次现在这样的全球化浪潮。至今我们已经经历了四次全球化浪潮。第一次是16世纪地理大发现之后商品经济开始走向全世界；第二次是19世纪末开始向国外输出资本；第三次是20世纪50年代后形成国际金融、国际贸易体制和进行跨国生产经营的世界化；第四次是20世纪70年代后期开始至今的电子计算机、互联网把全球联系在一起，形成了接纳、包容民族国家的区域体系和世界体系。在这四次全球化浪潮中，民族国家大部分已经加盟区域共同体和加入联合国，这是国家演化的大飞跃。这种演化形式是一柄“双刃剑”，对国家组织来说既是自身扩张规律的表现形式，又是国家组织“产生——扩张——消亡”的自行消亡的表现形式。其实，无论现在融合扩张逐渐走向消亡还是将来逐渐被“世界中央政府”取代，这些都是国家必然走向消亡的前奏。就是说，上述四次全球化浪潮只是无数次全球化的前奏，更加猛烈的全球化浪潮和生产力高度发展的革命将会一次又一次地到来。民族国家将会遵循它自己的发展规律，顺应人类社会发展潮流，功能逐渐减弱，权力慢慢消解，在今后的无数次全球化浪潮中完成自己的对内对外职能而自行退出历史舞台，自行走向消亡，这将是恩格斯的“国家消亡定律”和“社会公共事务回归定律”的实证。因此，周海成预言，“国

① 张全义：《世界国家生成机理初探》，北京：光明日报出版社，2010年版，第324页。

家和国界将在下一个千年到来之前消失”。①

民族国家和国界在地球上完全消失，为“世界中央政府”向“高级大同社会”形态的过渡创造条件。它的意义不亚于人猿揖别，它将是真正脱离动物属性、真正进入人类历史的开端，它关系到未来人类世世代代的福祉，可谓是功在千秋利在万代的大事。正如哈贝马斯所说：“世界仍然具有学习的能力，可以不断用政治意识和政治意志加以影响和改进，最终实现‘世界大同’”。②哈贝马斯构想的大同社会，是超越种族、宗教、民族、国家、语言、价值观的差别，奉行世界主义意识和普世主义精神，社会平等、自由、公正、民主，所有人自觉联合起来，是所有民族和种族和谐共处的世界。他认为，全球化是一种世界性经济社会新秩序，正在使一个“世界社会”处在萌芽之中。这些构想有很高的价值，我们可以从中吸取丰富营养。因为它符合人类社会发展规律：当人类社会发展过程中需要“民族国家职能”的时候，民族国家就会应运而生、登上历史舞台；当人类社会不需要“民族国家职能”的时候，民族国家就会成为多余的东西，失去了它存在的意义而退出历史舞台。届时，人类社会将从“初级大同社会”向“高级大同社会”过渡。这好比大自然优胜劣汰一样，地球上如果没有恐龙的灭绝，也就不会有人类的诞生。同理，没有民族国家的自行消亡，也就不会

① 周海成：《大趋势》，北京：中国文联出版社，2007 年版，序。

② ［德］尤尔根·哈贝马斯：《包容他者》，曹卫东译，上海：上海人民出版社，2002 年版，第 206 页。

有世界政府和大同社会的诞生。

第三节　下一个千年到来之日将是“世界大同”的阳光普照天下之时

世界大同的实现，也就是社会政治结构的核心——国家使命的完成。国家走完了它从产生到衰亡的全部过程：无国家（氏族部落自治）——国家（自助性）——主权国家（绝对主权）——联合主权（相对主权）——世界政府（初级大同）——自由联合体自治（高级大同）。本节所讲的“世界大同”指高级世界大同。

一、全球化的终极后果只能是“世界大同”

推动世界历史发展的两大杠杆是生产力和人类交往，全球化时代正是这两大杠杆空前发力的时代，它将是国家经过裂变而融合的见证。一方面，生产力高度发展到经济全球化时代，得益于信息革命和科技进步的强大动力的推动作用；另一方面，人类交往扩展到全球化，得益于经济全球化提供了全球相互依赖、相互渗透、共同发展的桥梁和纽带的作用。在古代人类社会，生产力水平低下，交通工具落后，地域限制了人类往来的范围，人们只了解氏族、部落，没有世界意识。后来，由于生产力的发展，国家出现了，氏族、部落、国家之间开始了相互贸易、相互往来、相互矛盾和相互战争等交往活动，形成了世界历史。近代以来，由于社会生产力的发展和科学技术的进步，人们的交往视野不断扩大，活动范围已经超出了地球边界，比如宇宙飞船、太空站和人类登月。“世界历史将在交往和交往普遍化的过程中形成；全球化正是交往扩大的具体表现。”[①] 生产力革命和人类交往的普遍化，推动了全球化、区域化和企业国际化的深入发展，加之到那时“世界中央政府”的诞生和运作，就为实现“高级世界大同”奠定了经济社会基础和物质精神基础。

世界大同是以生产力发展的全球化和与此相适应的人类交往扩展的全球化为路径，就是说，到那时人类的一切都是世界性的，并非地域性的、地方性的。而全球化浪潮就是人类历史向世界历史转变的动能，全球化浪潮不仅使人变为全球社会公民，而且使地域性束缚的生产力完全解放出来，使社会生产力获得巨大发展，为人类创造丰富的物质和精神产品，满足人的世界性交往需要。那时的产品也不再是民族的、国家的，而是世界层次的、人类层次的；人类社会关系也成为全世界范围的、全人类范围的。因而，全球化的前途只能是“世界大同”，不会出现与它本质相反的后果。只有实现“世界大同”，才能使历史真正成为世界的历史和人类的历史；只有实现“世界大同”，才能消灭生产资料的私有制，任何人都不会占有别人的劳动；只有实现“世界大同”，才能把高度发达的科技用来改善人与人、

---

① [美]约瑟夫·斯蒂格利茨、[匈]艾尔文·拉兹洛、[印度]万达娜·席瓦等:《危机浪潮：未来在危机中显现》，章国锋译，北京：中央编译出版社，2013年版，第1页。

人与自然的关系，把人从社会异化力量和自然力的束缚中解放出来，实现人的全面而自由发展；只有实现“世界大同”，才能使阶级消灭、国家消亡、民族之间的区别和国家的界限消失，人与人真正平等地融合到世界的整体之中，不受任何异化力量的支配。这样一来，全球化就完成了一个完整的过程，实现了它的远大目标——世界大同。到那时从“世界中央政府”过渡到“世界大同”的条件就会完全成熟，人类将进入大同社会，这也是全球化的最终归宿。

二、“世界大同”是社会发展合规律性、合方向性、合目的性的统一

“世界大同”，是最公平正义的社会制度，是人类社会发展进步的必然归宿，它将彻底改变人类社会有史以来不平等的人与人的经济关系、政治关系、社会关系和人与自然的关系，使“全球社会”的公民都能真正实现人生均等、利益均等、发展机会均等，实现人类最高理想境界。这也是社会政治结构及其核心国家产生、发展、消亡演化规律的必然归宿。随着人类生产力的高度发展，民族国家这个古老政治组织形式因职能消亡而消亡之后，地球上最后一个世界国家“世界中央政府”完成对内职能后而自行衰亡。此时，私有制、阶级和国家走完它们的全部过程：公有制—私有制—公有制，无阶级—有阶级—无阶级，无国家—有国家—无国家。社会组织转变为自由人的自由联合体，社会管理从对人的管理转变为对物的管理和对生产过

程的协调、分配，其主要任务是物质生产和再生产的活动。由此可见，"世界大同"是社会发展合规律性、合方向性、合目的性相统一的理想社会形态。到那时，真正实现"去国自治"，人们以习惯于遵守公共生活的基本准则为荣，以尽其所能而劳动为荣，以自我管理、自我规范和行为文明为荣，那时的国家就成为多余的形态，国家就会完全衰亡。由于国家职能大部分是社会职能，此时公民都能高度自觉地执行"国家"职能，参与"国家"管理，"国家"不再高居于社会之上。这是因为，国家是从社会中产生的，最终还要回归社会，国家权力来自公民，最终还要回归公民。到那时，社会生产力高度发展，物质产品极大丰富，满足普遍性的需要；到那时，人们的思想观念和道德水平极大提高，人们都是自我管理、自我约束的文明人；到那时，人人都是全面管理社会的高级人才，个个都是德才兼备的专家，这样也就自然而然地过渡到世界大同社会。

三、世界上最后一个世界性国家衰亡和文明一元融合是走向"世界大同"的前提

从终极意义上讲，"世界大同"理念所设定的未来社会的，优越性体现在世界性、普世性、合理性和科学性上，既消除了国家体系相互竞争导致的世界失衡，又利用生产力发展、人的交往扩展和公有制的社会制度的三重力量打破世界国家体制与生俱来的偏执和狭隘弊端，彻底消除社会不公、分配不公、发展机会不公现象，体现人类社会制度进化的最终发展方向，在

这个意义上说世界大同与所有先行者追求的新老梦想都具有一定的相同之处。

世界大同的一个显著特征就是世界民族与民族、文化与文化融为一体。民族和文化大融合是人类历史前进的方向。民族和文化融合是指不同民族和不同文化经过长期交往，共同性增加，民族差别和文化差别最终消失，就会相互融合成一个民族、一种文化，实际上这就是民族和文化的消亡，这是人类社会发展的必然规律。“诚然，目前我们离真正意义的世界国家还比较遥远，但是不可否认现实的历史又为我们走向世界国家提供了一种‘动能’证明，这种动能的体现便是呈现在我们面前的人类世界不断走向‘全聚’的趋势。”[①] 人类这个物种是同一祖先的物种，兴起都在非洲大地。约在 10 万年前，人类先后走出非洲，扩散到世界各地，相互隔绝，在不同的自然条件下繁衍和活动，产生遗传基因的变异，从而出现了白皮肤，黑皮肤，黄皮肤和红皮肤，出现了不同种族的差异，进而形成语言、风俗习惯、心理、信仰等差异。这就是不同民族和文化的产生。如今，全球化时代交通和信息发达，不同民族互相交往、通婚，不同文化互相交流渗透，逐渐缩小了差异，民族和文化间界限已经开始模糊。因而，全人类融合为一个民族、一种文化，这是民族和文化未来的最终归宿。

世界大同的另一个特征就是不同文化、文明融合为兼容并

① 张全义：《世界国家生成机理初探》，北京：光明日报出版社，2010 年版，第 297 页。

蓄的一元文明或一元文化——世界文化、世界文明，世界文明与大同社会相匹配并支撑大同社会的实现。“今天，人类的生存陷入了空前严重的危机，人类文明犹如一艘泰坦尼克号，随时有沉没的危险”，“世界如何演变，人类文明何去何从，这一严重而紧迫的问题已经摆在所有人面前，到了不得不严肃思考和认真对待的时候了”。[①] 文明是人类精神文化发展的物质成果，是人类社会发展进步的集成和标志。世界文明从石器时代的采集渔猎的原始文明发展到铁器耕种时代的农业文明，再从机器生产的工业文明发展到信息化革命时代的知识文明。这就说明了生产力发展水平与时代文明进步的关系，也反映了文化的本质就是文化的共融和趋同，最终必然走向兼容并蓄的世界一元文明，这是不同文化的普遍性所决定的。这种一元文明不是同化、取代和消灭不同文化和不同文明，更不是强势文明吃掉弱势文明，而是多元文明的融合形式。在“世界文明”中，可以找到大汶口文化、河姆渡文化、半坡文化，也可以找到威尼斯文化、阿克苏文化和雅典文化；可以找到中华古代文明和古埃及、古印度、古巴比伦、古希腊、古罗马等古老文明的优秀元素，也可以找到中华现代文明和美国、俄罗斯的现代文明，也可以找到欧洲文明、拉丁美洲文明和非洲文明的优秀元素。这种世界文明、世界文化才是全球的、全人类的、共同的文明。文化全球化的本质是文化的共融，是人们对客观世界和主观世

① [美]彼得·卡赞斯坦等编：《世界政治理论的探索与争鸣》，秦亚青等译，上海：上海世纪出版集团，2005年版，第365页。

界改造的历史积累，是人类对真的探索、对善的追求、对美的创造的无限发展的过程，是人与自然从对立到和谐的结果。在现阶段，不同民族、不同地域、不同时代、不同条件下形成的文化多元化反映了世界的多样化和世界的丰富多彩，多元化之间是相互渗透、相互共融的，是可以相互交流移植、学习借鉴的，这就为文化、文明融合创造了条件。文化和文明的未来发展就是多元文化融合为世界一元文化。

世界大同还有一个特征是回归本原，即回归地域、民族、社会和人的本原。在社会层面上的社会权利回归于社会；在公民层面上公民权利回归于公民。“世界大同”需要国家权力向公民权利的转化。国家权力产生于公民权利，终将回归于公民、还权于公民。列宁的《国家与革命》一书中关于国家消亡的理论认为，伴随社会生产力的高度发展、物质的极大丰富，公民个体利益与公共利益的矛盾对立关系将消失，相互差距将消除，国家权力将转化为公民权利。从我们现阶段看，国家权力即公权力正在逐渐消减，而公民的权利正在不断增长，而且将逐渐全部回归公民。在社会层面上，社会权利产生于社会，必然要回归于社会、还权于社会；在个人层面上，权利产生于民，最终要回归于民、还权于民。只有消除了个人外部的、社会的和自然的异化力量的支配，每个人才能自由地生活在民主平等、公平正义的阳光下。

四、“大同社会”是超越任何社会制度的“去国自治”社会

世界大同的社会形态就是没有国界的世界。作为社会政治结构核心的国家，随着生产力发展而产生，又会随着生产力的高度发展而消亡，当世界上最后一个国家形态“世界中央政府”完成使命自行衰亡、“世界大同”到来之时，也就是“去国自治”实现之时。我们主张国家消亡、实现“去国自治”，与以蒲鲁东、巴枯宁为代表的否定在任何历史条件下的一切国家政权和权威的无政府主义具有本质上的区别。在原始氏族社会中，没有私有制，没有阶级，没有国家，人们共同劳动，平等相处，社会秩序依靠传统习惯和氏族首领的威信来维持和调整。那时不需要军队、宪兵和警察，不需要官吏，因而也就没有国家。在生产力高度发展的未来社会，国家政治职能将逐渐消失，经济职能和社会管理职能将逐渐增强，对人的统治将由对物的管理和对生产过程的领导所代替。国家就会真正成为全社会的代表者而自行消失，并非被废除的。从而实现没有国家机器、没有暴力、天下和谐的大同社会。“也许就目前来讲，用世界大同的思想来规劝人们放下民族国家的偏执和狭隘，放弃纷争，还显得有些幼稚，但如果不能从这一点出发思考问题，可能当前人类生存会面临巨大危机，人类文明进程也许会因此延后和倒退。”①

在历史上，人类先行者向往的理想社会就是大同社会，大同社会就是“去国自治”。马克思的共产主义，列宁的“国家消亡”学说，包括早年国际共产主义者、中外仁人志士大多都怀

① 蒋明君：《世界大同而不同》，载《中国经济周刊》，2007 年 1 月 22 日。

有“去国自治”之梦。中国谭嗣同的“有天下而无国”的“地球之治”是“去国自治”之梦；康有为的“破除九界”的理想是“去国自治”之梦。当代的有周海成、伞金福、张全义、蒋明君等。清华大学公共管理学院教授、国情研究院院长胡鞍钢2013年4月8日在《人民日报·海外版》发表题为《“世界梦”就是“大同世界”》，说的也是“去国自治”之梦。“去国自治”之梦为什么生命之树常青？因为它的普世性代表了世界文明进步的方向，代表了人的发自人类本性的希冀。从古到今，人类先行者数千年以来的期盼就是实现“原始大同——初级大同——高级大同”的飞跃。未来大同社会形态是超越国家、民族各自利益观的全人类共享的利益观，超越任何价值观的人类普世价值观，是超自然的（天人合一）、超国家的（最后一个“世界中央政府”自行衰亡）、超民族的（不同民族融合一体）、超文明的（不同文明融合一体）的理想社会境界。这样美好的理想社会已经遥遥在望。

五、立足现实，面向未来，人人为实现“世界大同”争作贡献

“学者的使命和政治家的勇气就是要从大历史的角度看待历史的进程，要用整体的思维对未来进行判断，反之，用微观的和个体主义看问题就必然陷入对世界历史进程悲观的认识和判断。”[①] 从个体、局部或短期看问题，世界大同就是遥不可及

---

① ［美］彼得·卡赞斯坦等编：《世界政治理论的探索与争鸣》，秦亚青等译，上海：上海世纪出版集团，2005年版，第365页。

的。如果从大历史的视域观察问题和用整体的思维方法判断问题的话，就会看到世界大同的黎明曙色，增强对人类未来发展的信心，对世界大同就会抱有乐观和自信的态度。如果我们仿效向往美好理想的历代仁人志士、政治家、社会精英那样展望世界发展进程，并把大同理念传播开来，形成一种大同文化、大同文明，就会使人类社会有方向、有目的地进化，使人类有理想、有目标并勇于开拓到达理想境界的道路。下一个千年到来之际，世界大同的阳光将普照天下。

世界大同，人类的福音。"它是'上帝'赐给人类的一把破解许多灾难之锁的'金钥匙'，是将'世界大同'即共产主义，由空想渡往现实的诺亚方舟。"[①] 诺亚方舟构建了120年，而世界大同大厦的建造则需要数百上千年，实现世界大同理想任重道远。我们要展望未来，立足当前，面对现实，始于足下，人人都为实现"世界大同"的理想贡献自己的智慧和力量。实现世界大同理想社会境界，必须创造高度的物质文明、精神文明、社会文明和生态文明；必须大力发展社会生产力，创造和积累巨大的物质财富、精神财富、社会财富和自然财富；必须加强人的精神文明素质的培养和道德水平的提升，这些都需要一个过程。万丈高楼平地起。世界大同的大厦要从我们这一代人开始和代代传承，一砖一瓦地把它建造起来，为人类千秋万代造福，这就是我们的初衷和结论。

① 周海成：《大趋势》，北京：中国文联出版社，2007年版，第9页。

后 记

本书在写作中参考和引用的文献资料未能全部标明出处，在此表示歉意！

在成书过程中，得到甘肃省联合国教科文组织协会荣誉会长、联合国教科文组织亚太地区教育创新为发展服务中心专家马培芳的精心指导，在此一并致以诚挚的敬意和谢意！

2017年1月